人は皮膚から癒される

山口 創

JN131248

草思社文庫

はじめに

毎日の天気が変わるように、人の心もめまぐるしく変わっていく。
晴れているときは短く、曇りや雨の日の方が長いかもしれない。
しかし、どんなにどしゃ降りの日でも、翌日はからっと晴れるかもしれない。

天気を決めているのは何であろうか。
天気は空の状態それ自体で決まってくるのではなく、海水の温度や地表の温度、周囲の気圧配置など外部の諸々の要素からの影響によって決まっている。

私たちの心もそれ自体で決まることはなく、周囲の人との関係の中で決まってくる。
心が元気であるかどうかは、人との関係が大きい。
癒しも幸福感も、その原点にあるのは、人との関係であるといえる。

私たちは太古の昔から、癒しを必要としてきた。病苦の淵にいる人を癒し、元気を取り戻してもらうことは、社会の中に再び招き入れることであり、そのためには何よりも緊密な人とのつながりが必要である。

緊密な人とのつながりとは何だろうか。

たとえば人は愛を「触れる」ことで伝えようとする。人に愛情を持って触れると、互いの脳では「絆ホルモン」といわれるオキシトシンが分泌され、リラックスし、ストレスが癒され、深い絆を築くことができる。そのパワーは絶大だ。

しかし直接触れなくても、愛情を持って人と近くにいるだけで互いの皮膚は相手を感じて反応し始める。その反応が、癒しに向けた治癒力を発揮させる大きな力となってくれる。

心を開いて相手に寄りそうだけで、大きなパワーを与えることができるのだ。それと同時に、自分自身の皮膚も反応して、同じかそれ以上のパワーをもらうことができる。

被災地でボランティア活動をした人が、よく「被災者からパワーをもらった」と口にする。

相手を癒そうとして相手に力を与えたことで、自分も力をもらえたのだ。

日常の人間関係に目を向けてみる。

夫婦や親子の間でも、同じような毎日を繰り返しているうちに、次第に関係が希薄になってくることはないだろうか。夫婦でも夫が妻をファーストネームで呼ぶと、妻の脳ではオキシトシンが増える。そんなちょっとしたことで、妻は夫に人として尊重されたような感覚が芽生え、愛情を再確認できるのだ。親は子どもにハグをするだけで、親子の関係は温かく愛情溢れるものとなるだろう。

職場では、事務的に付き合っている仕事相手に対しては、やはり空気のような存在と感じられてしまい、相手が心を持った生身の人間であることを忘れがちである。しかし相手はもしかしたらストレスに押しつぶされそうになりながらも頑張っている自分を誰も認めてくれないと感じ、余計に心身が疲弊してしまっているかもしれない。そんなとき、相手の目を見て、ちょっとした感謝やねぎらいの言葉をかけるだけでも、相手の心はパワーをもらって元気になる。それを感じた自分も同じように元気がもらえる。

現在の日本人は、他者との間にはできるだけ関係を持たないように生きていると思えてならない。それでは心の天気図もいつも曇りがちになる。

周りの人たちとの間で心を開いてつながりを取り戻していけば、周りを元気にするだけでなく、自分自身のパワーが上がって高気圧の晴れ間が出てくるだろう。

雲間から光が射している光景は美しい。

心に光を射してくれるのは、周りの人たち以外にはないと思う。

本書のテーマは、皮膚から癒しや幸福な人間関係を取り戻すことである。普段、閉ざされがちな境界である皮膚を拓いて他者とつながり、癒し・癒され、幸福に生きるためのメソッドについて紹介したい。

人は皮膚から癒される◉目次

第1章　コミュニケーションする皮膚

第2章 触れないと皮膚は閉ざされる

第3章

第4章

本文イラスト＝佐々木一澄

第1章

コミュニケーションする皮膚

触れなくても肌は感じている

太陽の下では、星の輝きは見ることができない。

白く霞《かす》む月の存在にも気づかないかもしれない。

しかし夜の闇の中では星は輝きを放つ。

人が差し伸べる手や肌の温もりも、この星や月と同じだ。

人は心が暗い闇に閉ざされたとき、星たちは輝きを増し、月はあなたを導く光となるだろう。


悲しみに沈んでいるとき、困難に打ちひしがれているとき、誰かにそっと背中に触れてもらうだけで癒された経験はないだろうか。

このような「手当て」は、人間であれば誰しもが、生まれつき体得しているもっとも基本的な癒しの技である。

看護師が患者の背中をさすり、手を握るだけで苦痛が癒される。母親が子どもの痛みを「痛いの痛いのとんでけー」とさすると痛みが軽くなる。認知症患者の手を優しく握ると、穏やかな表情になる。

このように、人は他者の苦痛に対して自然に手を当てて癒してきた。「手当て」の効果については、これまでの著作でも詳しく紹介してきたように、触れられた人の心身の苦痛を癒す力を持つことは明らかである。

触れることはいかに人の苦痛を癒し、それに立ち向かう勇気を与えるのだろうか。ユニークな実験を二つ紹介したい。

米国の社会心理学者のジェームズ・コーンたちは、夫婦で実験に参加してもらい、そのうち妻の腕に軽度の電気ショックを与えたときの脳の反応を調べた。といっても実際に与えるわけではなく、与えると予告したときの脅威の反応を調べたわけだ。

結果は、他人と手をつないだときや、誰とも手をつながないときに比べて、夫と手をつないだときの反応がもっとも弱くなった。

親密な人から触れられると、脅威が軽くなることがわかる。

それでは直接触れないとしたらどうだろうか。

実際に皮膚に触れなくても、ただ誰かがそばにいるだけでも、困難な状況が困難でなく見えてくることがある。

米国の心理学者サイモン・シュナルたちは、実験参加者を傾斜のある坂のふもとに連れていき、その坂の角度について推測してもらった。面白いことに、友人と一緒に推測した人は一人で推測した人に比べて、傾斜の角度を「緩い」と判断した。さらに友人による傾斜の緩和効果は友人関係が親密であるほど大きかった。

つまり、物理的にはまったく同じ傾斜の坂でも、親しい人がそばにいるだけで、それほど険しく感じなくなるわけだ。

これと同じ現象は、「駅までの道のりの判断」「重い荷物を背負って上る階段の高さの判断」そして「痛みに耐えられる程度」などについても起こり、親しい人が寄りそっていてくれるだけで、負担が軽く感じられることがわかっている。

ベン・E・キングの有名な曲、“Stand by Me”では、その1番で「君がそばにいてくれるだけで、暗闇も怖くない」と歌っているように、恐怖や悲しみなどに打ちひしがれていたとしても、親しい人の存在は、それに克ち、立ち向かう勇気を与えてくれるのだ。

このように人は親しい人と一緒にいるだけで、周囲の見え方や苦痛の感じ方さえも変わってしまう。本書では、人に直接触れることだけでなく、人と一緒にいることも含めて、人を癒す行為を「スキンシップケア」と定義し、これまでのスキンシップの概念をあらためて捉えなおしたい。そしてなぜ親しい人との触れ合いや関わりが、生きづらさや抑うつを防ぎ、幸福感を高め元気を回復させるのか、ということも考えていきたい。まずは人の肌に直接触れることが、なぜ触れられた人の心を大きく変える力を持っているのか、考えてみたい。

「触れる」という行為は、動物でもしている非常に原始的な行為である。しかしその効果のメカニズムは、未だ十分にはわかっていない。「触れる」というのは、まさしく人と一緒にいるからこそできる行為である。そこで、触れることの意味について科学的にみていくために、「人と一緒にいること」と「肌に触れること」をいったん分けて考えてみたい。

こうして分けて考えてみることで、いったい何がどのような理由で人の心を癒す効果を持つのか、ということがわかってくるだろう。

まずは、触れることについてみていこう。

「直接触れ合う」と何が起こるか

ストレスを癒す身体のメカニズム

人は他者から触れられることで、安心したりストレスが癒されたり、元気をもらえたりする。そもそもそのような心の変化はなぜ起こるのだろうか。

広くいろいろな学問分野の研究をひもといていくと、そこには数百万年もの長い進化の歴史の中で獲得してきた、人間が持つ奥深い身体のメカニズムが潜んでいることがわかる。

スキンシップが持つ意味について、進化の時間軸で考えていきたい。

スキンシップのもっとも原初的な意味は、生まれたばかりの赤ん坊の体温が低下しないように、養育者が触れて保温することだった。もともとスキンシップは生命を維

図1　触れ合い効果の階層構造

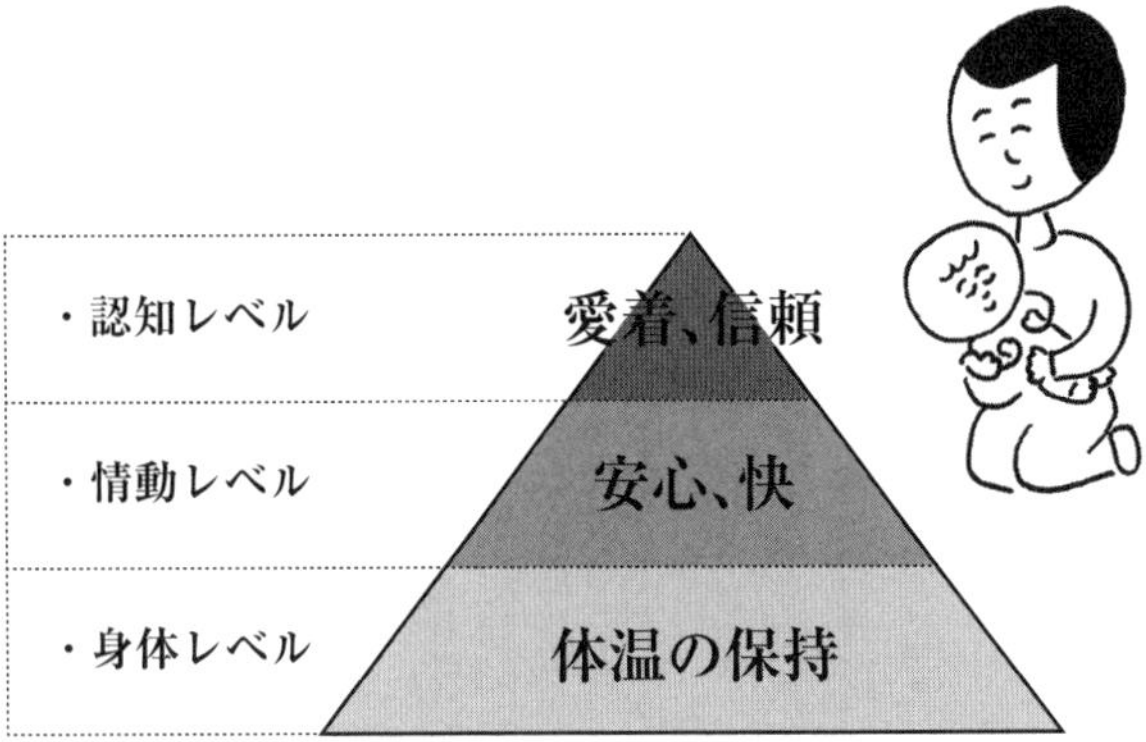

持するために必要だったのだ。一方でそのように温かい身体で触れられることは、情動レベルでは赤ん坊にとって、養育者に守られて安心できる快の体験でもあった。抱かれるたびに安心することを幾度となく繰り返す経験をした結果、それは不安や恐怖、ストレスなどの不快な心を癒す行為と結びついていった。さらにそこから発展して、触れて安心させてくれる人に特別な愛情の絆である愛着関係を築いて、その関係を強め、そういう人を信頼するようになった。これが認知レベルである。

このように自己の生命を維持するといったもっとも基本的なレベルから、絆を強めるといった社会的なレベルまで階層構造を成していて、下から順に進化してきた（図

1)。この階層構造について、もう少し詳しくみていこう。まずは体温の保持の機能についてだ。

もっとも大事な役割は体温調節

いうまでもなく、人は体温を維持しないと生きていくことはできない。外界の温度が大きく変化しても、身体の体温はわずかにしか変化しない。厳密にいえば、体温には皮膚温と深部体温の2種類がある。皮膚温は環境の温度に応じて変化するが、深部体温の方は環境の変化によらずある程度一定である。深部体温はおよそ30〜44度の間であり、それ以下あるいはそれ以上になると死に至ることになる。

また、深部体温と皮膚温には温度の落差があり、深部から皮膚表面に至るまで、温度勾配《こうばい》がある。この温度の落差が適度にあることが生存にとってとても重要だ。

そしてこの温度勾配を一定に保つために、身体は常に深部で代謝活動をすることで

図2　皮膚は体温を逃がしている

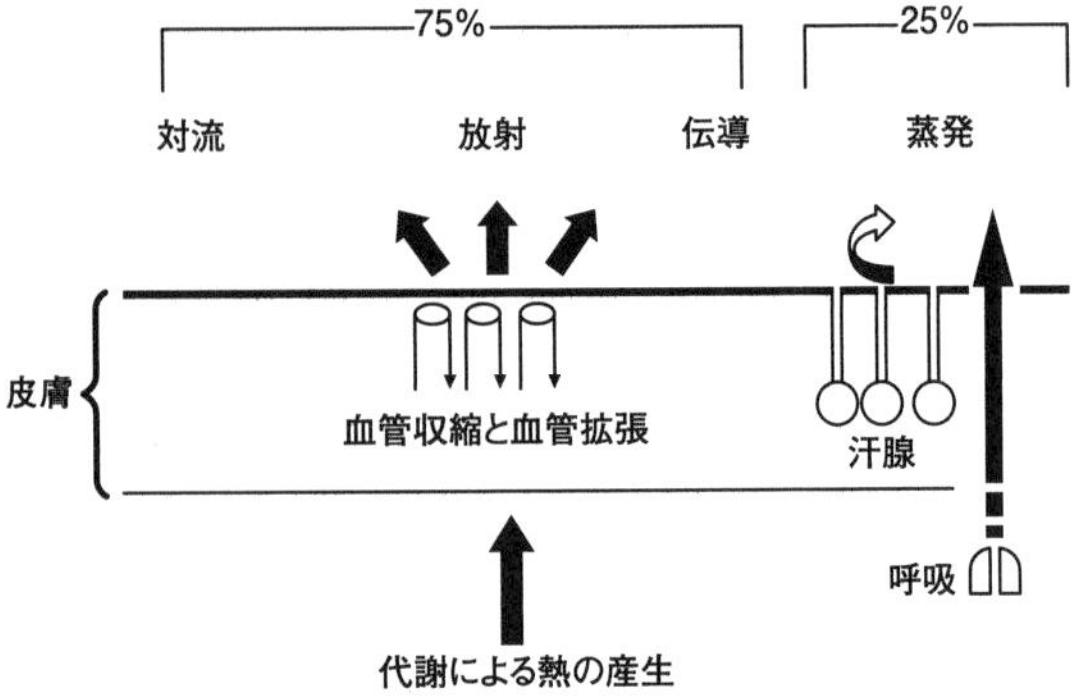

Arens E.A & Zhang H., *The skin's role in human thermoregulation and comfort*, 2006
より一部改変

熱を産出し、皮膚から熱を逃がしている（図2）。

体温を保つことは、代謝にとっても、生殖活動にとってもとても重要だ。たとえば代謝については、体温が1度下がると基礎代謝は12%、体内酵素の働きは50%も低下してしまう。また動物の場合、気温が下がると生殖活動も低下する。

体温の低下は、自己の生存のみならず生殖にとってもデメリットばかりだ。

多くのげっ歯類は、生まれると赤ん坊が身を寄せ合っている。これは赤ん坊同士が離れているときよりも、体温を維持するためのエネルギーの消耗が少ないことから、生き残る上で有利になるためだ。

図3　「触れ合い」は生き残るためのもっとも基本的な戦略

またデグと呼ばれるネズミは単独でいるよりも、3〜5匹で身を寄せ合っているときの方が、4割も代謝が減り、1匹でいるときよりも皮膚の表面温度が高いことがわかっている。

また多くの動物では、危険が迫っていたり、病気になったりしたときに仲間同士で身を寄せ合うことがある。これも肌をくっつけ合うことで、体温を調節するために必要なエネルギーの消耗を防いでいるのだ。

イヌなども、赤ちゃんのときは同じように身を寄せ合っている。肌を触れ合うことは生き残るためのもっとも基本的な戦略なのだ。

とりわけ人間の赤ちゃんは、この体温調

節機能が極端に未熟な状態で生まれてくる。だから生まれたらすぐに養育者に抱かれて体温を保つようにしなければいけない。何らかの理由ですぐに抱かれることがなければ、保育器で体をしっかり温める必要がある。

こうして先の図1のベースの部分をしっかりと築いてあげないと、将来的にはその上の安心感や、さらにその上の愛着の絆にまでも悪影響が出てしまう。

ストレスを感じる皮膚

皮膚は環境の変化により深部体温が変化するのを防ぐ、最初の砦《とりで》になっている。そして脳が深部体温の変化を察知するずっと以前に、その変化を感じ取っている。皮膚が環境の温度を知覚して脳にそれを知らせる速度は非常に速く、その変化は刻々と脳に送られている。しかしそれぞれの変化に応じて深部体温が変化することはない。

さらにいえば、寒い環境に置かれたとき、皮膚による温度の知覚は、あらかじめ予想して行われるため、皮膚の血管収縮が起こってしばらくしてから深部体温が変化することになる。たとえば暖かい家の中から、寒い外に出る場合、ドアを開ける前から皮膚の血管は収縮して体温の放出を抑えている。同じように、立毛筋を収縮させることによっても体温の放出を妨げている。「鳥肌が立つ」という現象である。

そして興味深いことに、皮膚で起こる血管と立毛筋の収縮という二つの現象は、心理作用とも密接に関連している。多くの動物では恐怖を感じると鳥肌が立つ。鳥肌が立つことで体を大きく見せたり、脅威があることを仲間に知らせる役割がある。また恐怖で血管が収縮することは、外敵に襲われたときの外傷による血液の流出を最小限に抑える役割もある。

人間の場合、皮膚にその名残が残っていて、恐怖を感じると鳥肌が立つ。しかし感動などの強い感情を突然感じたときにも鳥肌が立つことがある。寒いときに立つ鳥肌と違って、こういった鳥肌は、機能としては不明であるが、そのときに感じる情動を強める働きもあるようだ。

また恐怖だけでなく、仲間はずれにされて孤独を感じた人は、指や鼻や額の温度まで下がることがわかっている。

ストレスは体温を低下させ、それは代謝や免疫機能までも弱めてしまう。よく「顔面蒼白になる」とか「肝を冷やす」というが、実際に体温が下がっているのだ。

赤ん坊の研究でも、ストレスを与えると鼻や額の温度が下がることがわかっている。

皮膚を温めると心が温まる

今度は逆に、皮膚が心を変える現象をみていこう。

米国の行動経済学者ローレンス・ウィリアムズとジョン・バーグは、実験参加者を心理学の実験室に案内するエレベータの中で、実験者がメモをとる間、持っている温かいあるいは冷たいコーヒーを、参加者に持っていてくれと依頼する。実験室に到着後、参加者には「ある人物のことを書いた文章」を読んでもらい、その人物の印象について評定した。すると、手に温かいコーヒーを持った人は、他者の人格を「親切」「寛容」だと判断した。さらに実験のお礼として「友人へのギフト」と「自分用の品」のどちらかを選んでもらうと、手を温めた人は前者を選ぶことが多かったという。

その後の実験では、皮膚を温めると、人との心理的距離が近くなることや、人を信頼しやすくなることなどもわかっている。この実験では手の温度を操作したわけだが、手でなくてはいけないわけではなく、どの身体部位であっても同じ結果になるという。つまりは、全身のどの部位でも皮膚を温めると人に温かくなるのである。

同じように台湾の心理学者のホング・ジウェンたちは、実験参加者に、アイス

図4　皮膚を温めると、人との心理的距離が近くなる

ティーまたはホットティーを飲んでもらうことで体温を操作したあと、四つのジャンル（恋愛、アクション、恐怖、コメディ）から好きな映画を一つ選んでもらった。するとアイスティーを飲んで体が冷えて心も冷たくなった参加者は、ホットティーを飲んだ参加者よりも恋愛映画を好むことがわかった。恋愛映画を観て心を温めたくなったのだ。また同じように、暖かい部屋にいるときと寒い部屋にいるときとで、それぞれ観たい映画を選んでもらったところ、同じ傾向がみられた。

なぜこのようなことが起こるのだろうか。

その理由は、脳の「島《とう》皮《ひ》質《しつ》」と「線条《せんじょう》体《たい》」が、身体的な温かさと心の温かさの両

方に関与していることにある。つまり、身体的な温かさを感じると「島皮質」と「線条体」が興奮する。これらの部位は心理的な温かさに興奮する部位でもあるため、他者に対しても温かい気持ちが高まるということになる。

次に、現代人に多いうつ病や、摂食障害、発達障害の人の体温についてみていこう。触れることは体温の変化と関係しているため、これらの心の問題の克服のヒントになるに違いない。

うつ病は体温制御ができないことが原因

うつ病などの感情障害の人は、健常者よりも汗をあまりかかない傾向がある。その結果体温の調節がうまくできず、深部体温が高くなってしまうという。

子どもを対象にした研究でも、汗をかかない子どもは、抑うつのリスクが高いことがわかっており、さらには汗をあまりかかない人は、過去に自殺を試みた経験が多いという。

うつ病患者の深部体温を調べた研究が図5である。体温は実際には、一日の中でも上下のサイクルがある。日中は活動するために高く、夜は睡眠をとるために低くなる。

図５　うつ病患者の深部体温は一日中高い

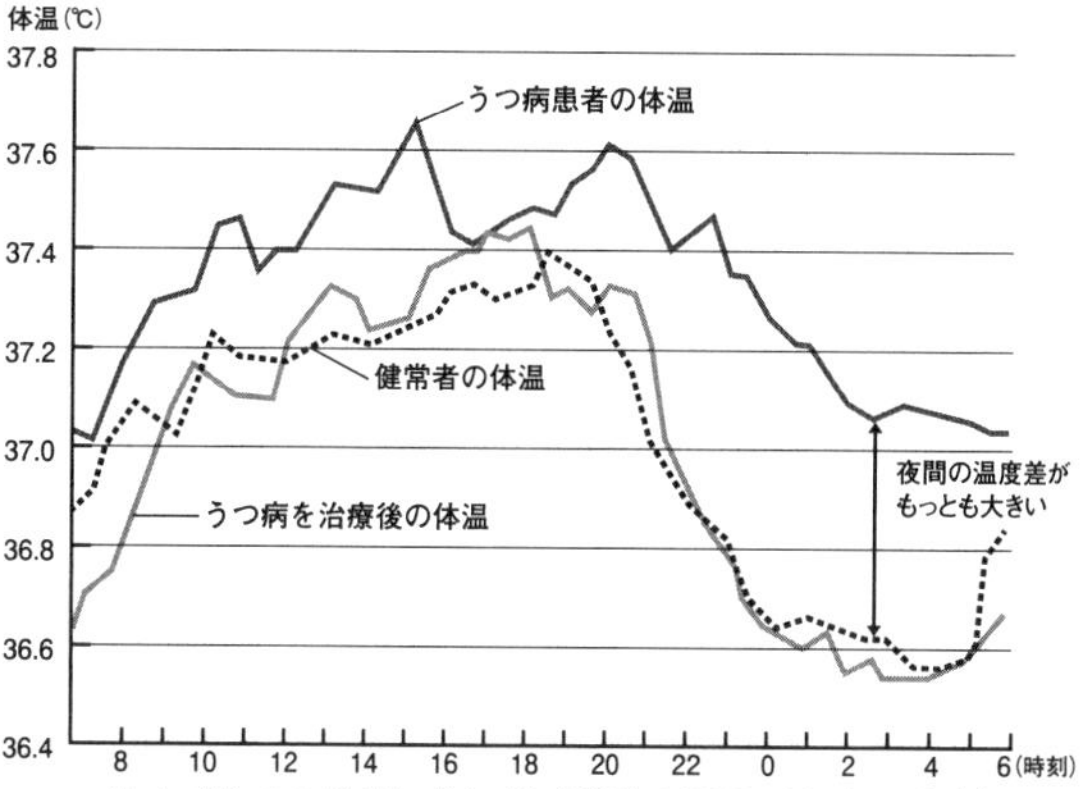

Szuba MP, et al., *Biol Psychiatry* 15, 42(12), 1130-7, 1997 より一部改変

さらに細かくみると、早朝4時前後にもっとも低くなるが、その後上昇し、昼から夕方まで高い状態を維持したあと、夜になって下がり始める。

健康な人では、夜寝る前に体温が急速に下がることでよい眠りにつくことができる。ところがうつ病の人はこの体温調節がうまくできず、就寝時に体温が上昇したままであるため眠りにつきにくく、朝まで体温が高いままなのだ。

ただし私たちがこのようなデータをみるときに気をつけなければならないのは、うつ病患者の体温が高いからといって、果たして体温の高さが抑うつの原因となっているのか、という点だ。単に抑うつの結果そうなっている可能性もあるからだ。

この点について検討した米国の心理学者チャールズ・レイゾンたちの実験では、ネズミの皮膚に温かい刺激を与えることで、脳幹のセロトニン神経が活発になることがわかった。セロトニン神経は、うつ病とも大きく関連しており、それが不活発なことがうつ病の原因であると考えられている。ネズミの場合であるが、39度から40度の部屋に入れて全身を温めると、セロトニン神経の活動がかなり高まるようだ。

この動物モデルを参考に、ドイツのカイユ・ハヌシュたちは、うつ病の患者の皮膚を温めてよくなるか検討した。皮膚を穏やかな熱で温めるために、水冷式赤外線ランプを使って、1回2時間ほど患者の皮膚を温めた。前述のように、うつ病の患者は通常であれば深部体温が下がりにくいのだが、皮膚温を上げることで脳は体温が上がったと思い、深部体温を下げようとするはずである。すると結果は予想通り、実験の前とあとで深部体温を比べてみると、多くの患者で深部温度が低下しており、それに伴いうつ症状も下がっていた。

深部体温を下げることがうつを治すために効果があり、そのためには皮膚を温めるのがよい、というわけだ。

では、人に触れられると触れられた人の皮膚温はどう変化するのだろうか。

米国の心理学者、アマンダ・ハーンたちが行った実験では、参加者の女性に対して、実験者から触れられたときの顔の温度の変化をみた。すると実験者が参加者の顔や首に触れたとき、腕や手の平に触れたときよりも、温度が高くなることがわかった。人に触れられるだけでも、触れられた人の皮膚温は上昇するのだ。

先に紹介したウィリアムズたちの実験でも、皮膚を温められると心が温まることから、人に触れられた人の心も温まったのだろう。

次に、触れることで心を変えるもう一つのメカニズムとして、触覚についてみていこう。

触覚は感情に直結している

皮膚には4種類の触覚の受容器があり、それぞれ異なる物理的な性質に反応しそれを脳に送り知覚している。

ところが最近、皮膚にはもう一つ、性質の異なる触覚の受容器があることがわかってきた。それはC触覚線維と呼ばれ、神経線維の末端が枝分かれして皮膚に入り込んで触覚を直接知覚している神経線維の束である。これは、「触れて気持ちいい」とか「触れた感触が気持ち悪い」といった感情と関わる神経線維である。

興味深いことに、このC触覚線維が興奮するための物理的な条件というのがある。それは触れるものの速度と柔らかさが重要な要素である。速度に関しては、秒速3～10㎝（ピークは5㎝）ほどの速度で動く刺激に対してもっとも興奮する。また柔らかさに関しては、ベルベットのような柔らかい物質に興奮する。

だから人の手でゆっくりと手を動かしてマッサージをするような刺激に対して、興奮することになる。

そして脳では島皮質や線条体といった、情動や自己の感覚や身体感覚に関わる部位に到達する。

またこのC触覚線維の興奮は脳内ではセロトニン神経を活性化させることもわかっている。だから抑うつや不安の高い人にゆっくりした速度でマッサージをしてあげると、脳内でセロトニンがつくられて症状が軽くなるのだ。

実際に、著者が行った実験でも、相手の背中に秒速5㎝ほどでゆっくりと触れてあげると、抑うつも不安も顕著に低下した。逆に手を動かす速度が、速すぎたり遅すぎたりすると、自律神経の交感神経が優位になって、覚醒水準が上がってしまったのだ。

また別の研究によると、一般的な身体部位では前記の速度が当てはまるが、手の平だけは特別で、速い刺激に対しても快を感じる特徴がある。だから触れる側の人は手を速く動かしても、自分の手で気持ちよさを感じるため、マッサージをするとどうしても速い速度で手を動かしてしまいがちである。しかし触れられる相手のことを考えると、やはりゆっくりした速度で触れる方がよいのである。

摂食障害は胎児期のうぶ毛が原因か

まだ仮説の段階だが、最近は摂食障害の原因として、次のような説が考えられている。

母親の胎内にいる胎児にもC触覚線維はあり、それは羊水によるうぶ毛の振動によって刺激される。そしてその刺激は胎児の脳の線条体や島皮質に届く。前述のようにこれらの部位は情動や共感、自己の意識などと関係があるため、これらが刺激されることで自己の意識やコミュニケーションに関わる社会脳が発達するというわけだ。

ところが摂食障害の患者は、胎児期のうぶ毛が少ないという。その結果、自己の身体感覚が発達せず、自己の身体をどのように感じるか、という「ボディイメージ」の歪みが大きくなってしまう。そして現実の体型と、自分が描いている体のイメージとの間に落差が生じてしまうのだ。つまり胎児期のC触覚線維による皮膚の刺激が少なかったため、ボディイメージが正確につくられなかった可能性があるというわけだ。

また一般に摂食障害の患者は、発症後にうぶ毛が濃くなることが知られている。特にうぶ毛が背中や前腕、顔などに生えてくる特徴があるが、このうぶ毛の位置は、C触覚線維が密にある部位とも一致している。

その理由として著者は次のように考えている。摂食障害の患者の多くは、拒食症のように食事ができない悩みを抱えている。生命の原動力になるはずの食事が入ってこないと、身体は危険を回避するために、うぶ毛が密に生えている部位を他者に触れられることで、C触覚線維を刺激してもらい、心地よさや安心感をもらおうとして、うぶ毛を濃くしているのかもしれない。

自閉症も皮膚の神経線維が原因か

私たちの脳は、他者の行為を、まるで自分がしているかのように認識している。それは脳内にミラーニューロンシステムがあるからだ。ミラーニューロンシステムとは、次のようなものをいう。他者がある動作をしているのを見たとき、自分が同じ動作をしたときに反応するのと同じ脳の部位が反応していることが実験的に観察されており、このような脳部位（ニューロンのシステム）のことである。このシステムがあるおかげで、人は他者が感じている感覚や感情を理解することができる。

実験でも他者が腕をなでられているのを見るだけで、自分自身がなでられたときと同じ脳部位が反応する。

ところが遺伝病の一つで、突然変異によってC触覚線維が少なくなってしまう病気がある。この病気にかかった患者の腕をゆっくりとなでてみても、当然のことながら脳の反応は小さく、快適さの評価も小さくなる。

この患者の目の前で他者の腕を実験者がなでるところを見せて、なでられた人が感じているであろう快適さを患者に推測してもらう。するとその患者は、興味深いことに、相手が感じているであろう快適さの程度まで低く評価するのだ。

このことはつまり、相手の感覚を推測するといった心の働きには、何よりもまず自分がその感覚を感じた経験が大切であり、人は自分の感覚に基づいて他者の感覚を推測している、といえるのである。「わが身をつねって、人の痛さを知れ」という諺はまさに正しいといいえる。

このことは別の症状にも当てはまる。たとえば虐待を受けた人の場合、赤ちゃんが母親に優しく抱っこされているのを見るだけで、苦しくなってくることがある。それは自分が母親から触れられたときの痛みや苦しさを基に、相手の感覚や感情を推測してしまうからである。

学生とタッチケアのビデオを見ていたときのことだ。ある学生が突然、涙を浮かべて部屋から飛び出していってしまった。あとから聞くと、彼女は幼少期に母親から虐待を受けた経験があり、タッチケアのビデオで赤ん坊が母親に優しく触れられているのを見たことで、過去の体験が蘇ってきたのだという。

また最近の研究では、自閉症にもこのC触覚線維の問題があるとも考えられている。

実際、自身が自閉症で苦しんだ米国の動物学者テンプル・グランディンは、次のように述べている。「私が人に共感できないのは、快適な触覚刺激がなかったことが一因だと思っている」(『我、自閉症に生まれて』マーガレット・M・スカリアーノとの共著、学習研究社)。自閉症の場合も、胎児のときのC触覚線維からの刺激に何らかの原因で問題が起こってしまった可能性がある。

だから自閉症の患者にマッサージをしてあげることに、効果があるわけである。

自尊感情が低い人ほど有効なタッチ

誰でも多かれ少なかれ、死への不安というものを持っている。特に病気になった子どもは、死ぬことへの不安が非常に高い。オランダの心理学者サンダー・クーレたちは、子どもたちに死への不安を煽《あお》る文章を読ませたあと、実験者が肩甲骨辺りに軽く触れ、そのときに感じている「死ぬことへの不安」について評価した。また参加者たちの自尊感情も評価した。

実験の結果、自尊感情が高い参加者はタッチされても不安は低下しなかったのに対して、自尊感情が低い参加者はタッチされて不安が大きく低下していた。

この結果から、病児に対するタッチは、不安を和らげるためにとても有効であることがわかる。そして特に自尊感情の低い子どもに対して、タッチは有効に働くといえる。

ただし興味深いことに、この効果はぬいぐるみに触れることでも得られることがわかっている。実験では同じように死への不安を煽ったあと、テディベアのぬいぐるみ（高さ34㎝）を膝に置いて抱くことでも、不安が低下したのだ。

その理由もやはり、肌への柔らかく快適な触覚の刺激によって、C触覚線維が有効に働くことや、皮膚が温まったことも関係あるのだろう。

以上、人に「直接触れること」の効果についてみてきた。次に「直接触れないスキンシップ」、つまり「寄りそうこと」の効果についてみていこう。

「寄りそう」ことで何が起こるか

動物が群れる理由

　私たちがこの世に生まれ、成長し、生きて子孫を残す、といった生物としての行為を営んでいくためには、エネルギーが必要だ。しかもつくり出すエネルギー量を、消費するよりも多くする必要がある。これを「行為の経済学」という。

　動物でも同じである。たとえばカナダのブリティッシュコロンビア州にすむヒメコバシガラスは巻貝を好物としているが、殻が硬くてなかなか食べることができない。このとき彼らは驚くべき行動をとる。巻貝を食べるために最少のエネルギーしか使わない。つまり貝を落として殻を割るのだが、その高さは常に、正確に測ったかのように貝殻が割れる最小限の高さなのだ。

このエネルギーのエコ作戦は、物の見え方まで変えてしまう。

本章の冒頭で述べた、坂の傾斜角を判断する実験を思い出してほしい。親しい人と一緒にいるだけで、坂の傾斜が緩やかに見えるという実験だ。

では、一人で坂の傾斜を判断する場合、その判断にはいったい何が影響しているのか。

先のシュナルたちの実験によると、身体のエネルギー源であるブドウ糖入りのジュースを飲んだ人は、同じ味だがブドウ糖が入っていないジュースを飲んだ人よりも、傾斜を緩やかだと判断することがわかった。

このことから脳は自分とは無関係な物として客観的に坂の傾斜を判断しているのではないことがわかる。脳は自分でも気づかぬうちに、自分が目の前の坂を登ることを想定しており、そのためのエネルギーが身体にどの程度あるのか、といった要素を加味して判断しているのだ。だからこそ、ブドウ糖を多く摂取した人は、多くのエネルギーを保持しているため、楽に登れると判断したのである。

だから、ストレスを感じている人や、疲れを感じている人、重い荷物を背負っている人ほど、坂の傾斜を急だと判断する。

　このような判断は、群れやつがいをつくって生活している社会的な動物の場合、もう少し複雑になる。個体1匹だけが危険を回避したり効率よく食料を調達しようと判断するのではなく、自分が属している群れ全体を鑑みて判断するからだ。たとえば野生の草食動物が草原で草を食《は》んでいるとき、同時に肉食動物から狙われることに警戒しなければならない。これは生存にとっては余計なエネルギーを消費することになる。ところが群れをつくって行動した場合、その個体は他の多くの仲間たちの目や耳に頼ることができる。その結果としてどの個体も、1匹で食べるよりもより多くのエネルギーを、草を食むことに費やすことができるようになる。もちろん群れのサイズが大きければよいというものではない。それぞれの動物にとってリスクを分散するための適当なサイズというものがあるのだ。

　さらには仲がよく信頼できる仲間とともに行動することは、単に危険を分散させる以上の効果を持つ。特に配偶関係や家族関係にある相手はそうである。そのような群れとして行動したとすれば、単にリスクを分散させるだけでなく、困難に遭遇したときに援助してもらえる可能性まで期待できるのだ。

そのため多くの動物は、互いに舐めたり、毛づくろいを頻繁にすることで、群れの中で緊密な信頼関係を保とうとしている。スキンシップは相手のためであると同時に自分のためでもあるのだ。

パートナーの有無による心理の変化

人間のような社会的な動物にとっては、生きるための限りあるエネルギーを効率よく使う方法として、一人ひとりの個人として捉えるのではなく、対人関係、特に信頼したり助け合ったりするような関係の中で考える必要がある。

たとえば冒頭で紹介したコーンたちは、結婚したばかりの新婚カップルは、何か判断し行動しようとする際に、より困難度の高い行動をとる傾向があることを明らかにした。なぜなら彼らは外界を危険で対処できないものとして捉えるのではなく、困難があってもパートナーが助け、応援してくれることを加味して判断するようになるからだ。

つまり、何か脅威を感じたり警戒しなければならない事態に遭遇したとき、信頼できる人といるだけで、自分一人で問題を解決するために費やす心理的なエネルギーが減り、実際に脳で消費するカロリーも減ることになる。

人は解決が困難な事態に遭遇したり、その解決のために恐怖や不安などの感情をコントロールしたりしなければならないとき、信頼できる他者がそばにいるだけで、彼らに問題の解決や感情のコントロールの一端を担ってくれることを期待する。つまり人にアウトソーシング（外注化）するわけだ。

だから逆に、配偶者と離婚や死別したあと、急に病気にかかりやすくなったり死亡率まで上がったりしてしまうのは、そのようなアウトソーシングができなくなるからだ。自分一人ですべての問題を解決したり感情をコントロールしたりする必要が出てくるので、そのためにより多くのエネルギーを注ぎ込まなくてはならなくなる。その結果、免疫力を高めて病気と闘うといった、生命を維持することに、エネルギーがまわらなくなってしまうからであろう。

自己が他者にも膨張する

人の脳は親しい他者を、あたかも自分の一部であるかのように感じている。これを自己膨張理論という。図6のように、いわば自分と相手の皮膚の境界の一部が融合している状態である。

たとえば恋人関係や夫婦、親しい友人などで起こる。この融合している状態は、恋愛中のカップルが3年後も続いているかどうかを予測する力を持つという。また、そのような関係があると、アイデンティティの一部も相手と共有するようになる。すると、相手の夢や理想を共有して、その実現に向けて手助けをしたりサポートしたりする関係が育ち、それはお互いの関係の質を向上させ、また互いの身体的な健康をも増進させる。

これを心理学者エイ・フィンケルは、「ミケランジェロ現象」と呼んだ。ミケランジェロは、「彫刻は石を彫り出してつくるのではなく、石の中にもともと眠っている」と述べた。これを応用して、パートナーの目標や理想を明確にして、それを把握した上で相手がそれに近づけるための行動を引き出すような関係をいう。

図6　自己が他者にも膨張する

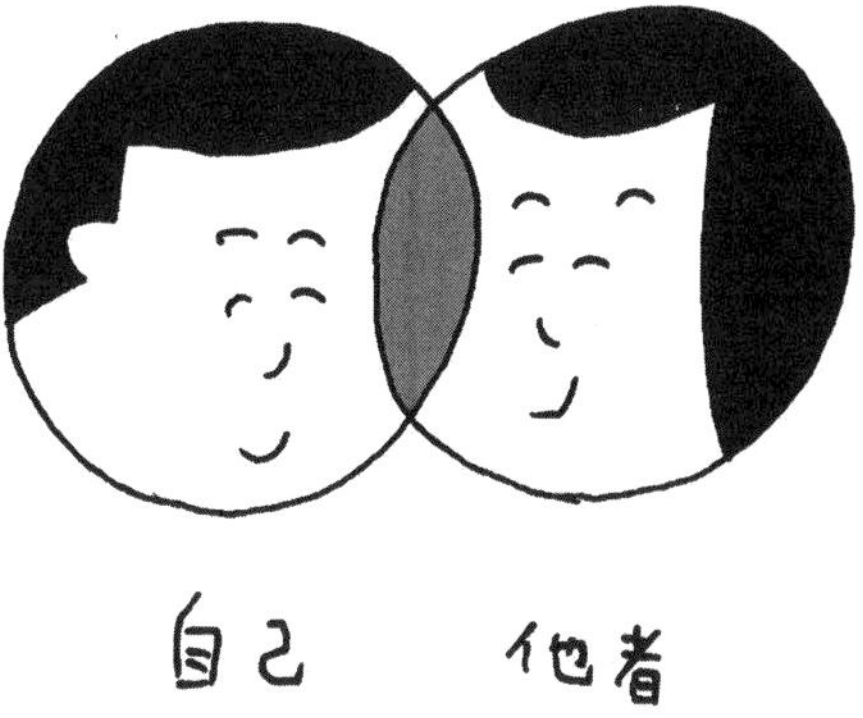

多くのカップルでは結婚前の恋人同士のときには、相互の関係の満足度が高いが、結婚後数年の間に満足度が急速に低下してしまう。しかし満足度が低下しないカップルの特徴をみると、どちらも目標を持って何らかの活動をしている点があげられる。これは互いにミケランジェロ現象が起こり、互いのパートナーが人生で必要不可欠の存在になっているということだろう。

しかもさらにいえば、このとき互いに別々の活動をするのではなく、同じ活動をしているカップルは、年月が経過しても満足度が高い状態を保っているという。

これを心理学では「共同注意」という。

二人の人が同じものに一緒に注意を向けている状態だ。もちろん、知り合った当初は互いの魅力に魅《ひ》かれ、お互いを見つめ合うような関係も必要だ。これを図にすると図7Aのように対面の関係になる。だがそのような関係は長続きはしない。互いの魅力にとりつかれてしまうような関係は、脳の中のフェニルエチルアミン（PEA）というホルモンの活動によるものだ。しかしこのホルモンは長くても3年以内に分泌されなくなってしまうという。国連の調査でも、離婚率がもっとも高まるのは結婚して3年後だという。その後、穏やかな絆で結ばれる関係に移行していく必要があるのだが、それは脳ではオキシトシンの役割である。脳がPEA優位の状態から、オキシトシン優位の状態に移行するためには、夫婦で共通のことを楽しむような活動をする時間を持っていることが大切だというのだ。これを図にすると図7Bのように同じ方向を向いて各々が活動している姿となる。もちろん図7Cのようにあべこべの方向を向いていたら、心も通じ合わないであろう。

『星の王子さま』の著者、サン＝テグジュペリは、愛することの本質について次のような言葉を残している。

図7　三つの関係性

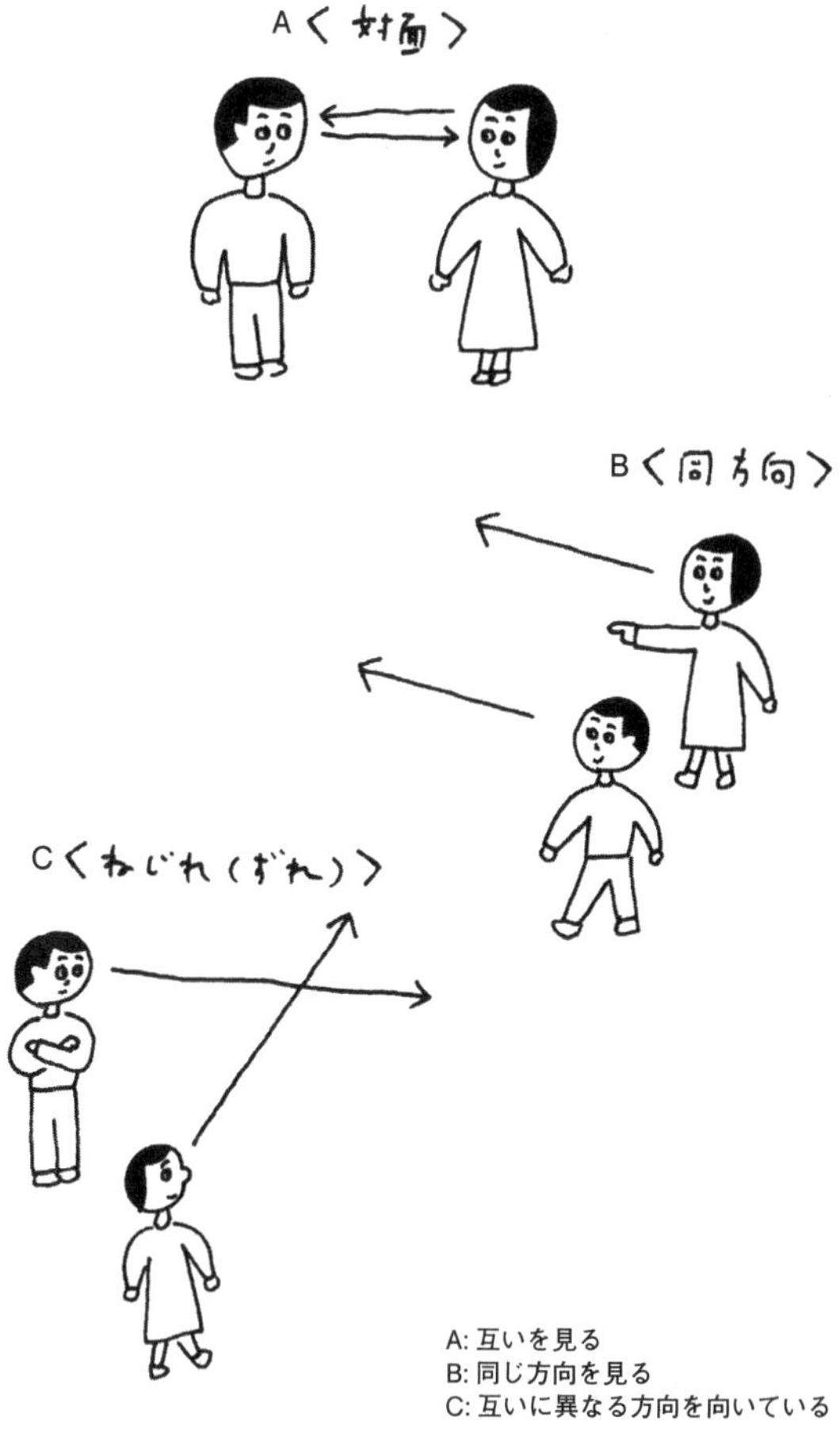

A: 互いを見る
B: 同じ方向を見る
C: 互いに異なる方向を向いている

愛する――

それはお互いに見つめ合うことではなく、一緒に同じ方向を見つめることである。

このような関係性は、視線を同じ方向に向ける共同注意であり、互いの関係性だけに陥らず、他者にも開かれた方向性を持っている。

それは困難なときは相手に寄りそい、ともに立ち向かおうという心の表れである。相手との境界を拓き心を許し合う関係になるためには、位置取りも重要な要素であることがわかる。

皮膚が他者を判断していた

さて、本章冒頭で紹介したコーンの擬似電気ショックの実験では、妻が痛みの脅威を感じる程度は、夫に手を握られたときが最小であった。しかしより詳しくみると、確かに配偶者との関係がよい妻では、脅威を感じる脳活動が低下していたが、配偶者との関係が悪い妻は、この脳活動はむしろ増大してしまったのだ。残念ながら誰から触れられてもよい効果をもたらすわけではなく、信頼できる人や助けになってくれる人が触れないと、恐怖の感情を抑えるために余分なエネルギーが必要になることがわかる。

さらにいえば、コーンの実験では、女性の手を他者が握ったときも、脅威を感じる脳活動はむしろ増大していた。それは女性にとって痛みへの恐怖を自分でコントロールするためのエネルギーに加えて、他者に手を握られること自体を脅威として感じてしまったために、それに対処する必要性から余計に脳活動が高まったのだと考えられる。

ただし実験では条件を統制するために、極めて人工的な環境で行われるのでこのような結果になったが、実際に病院などで他者を援助する仕事をする場合、無言でいきなり手を握る、などということは行われるわけもないため、それほど心配しなくてよいだろう。

「他者」と会話をしたりアイコンタクトをしたりすることで境界を拓いておけば、そのような脅威は随分と減らすことができる。

いずれにしても、相手が信頼できる人か、助けになる人かといった判断はほぼ無意識の脳の皮質下でなされている。そのため、「触れる」といういわば相手の心に進入する行為の効果を十分に発揮させるためには、触れる前にあらかじめ親密な信頼関係を確立しておくことが必要であることがあらためてわかる。

また同じく冒頭で紹介したシュナルたちの実験でも、傍らにいる人との関係性が重要であることが示されている。つまり助けになる人がいれば、坂の傾斜角の判断が緩やかになるが、あまり助けにならなさそうな人が傍らにいる場合では、その効果は小さかったからだ。

このことから、一人で問題を抱えてそれに対峙《たいじ》することは、「車のアクセルと同時にブレーキを踏んでいるようなものだ」といわれる。自分の力で早く問題の解決を図ろうと脳をフルに働かせることは、ストレスを増やしてしまう。そこでストレスをコントロールするためのエネルギーを消費してしまうことになり、かえって問題の解決を遅らせてしまう。それに対して他者との関係の中で問題を解決しようとすることは、「他の人が助けてくれる」と安心できるため、問題解決のためだけにエネルギーをまわすことができる。

脳は刻々と変化している状況の中で、「この人は自分にとって助けになる人か否か」といったことを過去の経験に基づいて判断している。もし過去に人に助けてもらえなかったり、裏切られたりした経験があると、周囲の人を「助けてくれない人」と判断し、他者との間に境界を築き、なんでも自分で解決しようとする。逆に過去に人に援助してもらった経験がある人は、周囲の人との境界を拓き「助けてくれる人」と判断し、頼るようになる。

では、周囲の人に対するこのような判断は、実際には脳で行われているとしても、その前段階で皮膚が行っていることがあるとしたらどうだろうか。

人は皆、養育者に触れてもらった記憶を皮膚が持っていると思う。相手が信頼できるか、助けてくれる人かどうかという感覚は、意識に上る以前の無意識の段階で素早い判断をしていると考えられる。皮膚が情報処理をしているということは、数々の実験からも明らかであり、触れなくても近くにいる相手を感じ、判断している可能性がある。皮膚が「信頼できそうだ」と判断すれば、皮膚の毛細血管を緩める。すると皮膚の温度は上がり脳はそれを知覚し、安心できる人だと判断して境界感覚を拓く。逆に「信頼できなそうだ」と判断すれば、毛細血管を収縮させて皮膚の温度を下げると、脳はそれを知覚して境界感覚を閉ざすのである。

しかし誰でもそのような判断ができるわけではない。生まれてからの皮膚への刺激が決定的に重要なのである。

次に、そのことについて考えてみたい。

幼少期の触れ合いが人間の礎をつくる

触れ合いの原点

ここまで人に触れられたり、人に助けられたりすることが知覚や判断までも変えるメカニズムとしてスキンシップケアの二つの要素、すなわち「触れること」と「寄りそうこと」の観点から考えてきた。いずれの考えからも、子どもの頃の親子の触れ合いが決定的に重要であることがわかった。

次にどのような触れ合いが重要なのか、考えていきたい。

まずは皮膚温の観点からみていこう。

オランダの心理学者ハンス・イジェルマンたちによると、室温を21〜26度に上げた部屋に入ってもらって皮膚を温められた子どもは、15〜19度の部屋で皮膚を冷やされた子どもよりも、シールを仲間と分け合うなどの協力的な行動が増えたという。そこで彼らは、皮膚を繰り返し温められた子どもは、将来的に温かい人間関係を築くようになるだろうと考えた。

しかしより詳しく調べてみると、この効果は安定型の愛着関係が築かれている子どもだけにみられた現象だった。それに対して不安定型の子どもたちは、皮膚を温められてもこのような現象はみられなかったのだ。

つまり皮膚を温められたときに、他者に優しく寛容な心が生まれるためには、幼少期に養育者との間に安定型の愛着関係が築かれている必要があるといえるのだ。

また前述のコーヒーカップで手を温める実験を行ったウィリアムズたちも、体の温かさと心の温かさが関係している原因として、幼少期の養育者との親密な接触があると考えている。

この関係について、まずは動物実験を例にみていきたい。

温かい感触の記憶

有名なハリー・ハーロウ（米国の心理学者）の赤毛ザルを用いた実験がある。ハーロウは生まれたばかりの赤毛ザルの赤ちゃんを、代理母で育てる実験をした。代理母は針金でできた冷たいワイヤーマザー（針金の母親）と、針金を柔らかい布で覆い、ヒーターで体温の温かさに温められたクロスマザー（布製の母親）の2種類を用意した。

8匹の赤ん坊を1匹ずつ2種類の代理母の置かれたケージに入れて育てることにした。4匹はワイヤーマザーの胸に取り付けられた哺乳瓶から乳を飲み、残り4匹はクロスマザーから授乳された。

するとどちらの母親に授乳された赤ん坊も同じように、クロスマザーを好むことが明らかになり、授乳後はずっとクロスマザーと過ごしたのだ。ワイヤーマザーから授乳された赤ん坊も、ワイヤーマザーにしがみついて過ごすことはほとんどなかったのである。

さらに恐れを引き起こすような刺激物をケージに入れると、赤ん坊は必ずクロスマザーにしがみついた。

　この実験結果から、ハーロウは、愛着は授乳による欲求の充足よりも、むしろ「柔らかく温かい肌の接触」によって形成されると主張した。つまりスキンシップの重要性を立証したのだった。

　愛着の根本には「皮膚への温かい感触」による慰安や安心感が存在すると考えられる。


　次に人間の愛着について考えてみる。

　これまで人間の愛着は、たとえば「母親は自分が危険なとき、守ってくれる」というように、心の中に言葉やイメージのような「表象」としてつくられると考えられてきた。しかし著者は、愛着というのはもっと原始的な皮膚の感覚を基につくられるものだと考えている。つまり、愛着の対象になる人とは、柔らかく温かい皮膚で自らの体温を保持し、快い触覚を与えてくれる存在であり、しがみつくことができる体を持ち、抱きかかえてくれる腕を持っている人、として身体レベルで捉えなおすことができると思う。

　もともと「育む」という日本語は、「羽」を「ククム（含む）」という言葉、つまり親鳥がひなを羽で覆って包んで温める様子からつくられたという（『暮らしのことば新 語源辞典』、山口佳紀編、講談社）。

触れて温める、つまり抱きしめることがいかに重要であるかを示す実験がある。

スウェーデンの生理学者シャスティン・ウヴネース・モヴェリたちは、生まれて間もない赤ん坊を三つのグループに分けた。第1は洋服を6枚重ね着させてその上から毛布で包み体温の低下をしっかり防ぐスウォドリング（衣類でくるむ、の意）群、第2は通常通り2枚の洋服を着せ母親が腕で抱く群、第3は同じ洋服2枚を着せて母親が胸で抱きしめる群とし、各々の赤ん坊の体温を測定してみた。するとスウォドリング群がもっとも低く、次いで腕で抱く群、もっとも高いのが胸で抱きしめる群だった。衣類で体を温めるよりも、人肌でしっかりと抱きしめてあげることが、何より赤ん坊の体温の低下を防ぐ効果があるのだ。

また生まれてすぐ母親に抱かれた赤ん坊は、皮膚温と深部体温の差がほとんどみられないのに対して、抱かれなかった赤ん坊は、皮膚温が大きく低下してしまうことがわかっている。このことから、そもそも生まれてすぐに抱くことは、赤ん坊が低体温になるのを防ぐ意味があることがわかる。

こうして人の肌で温められることで、心も温まって安心し、赤ん坊はそのような人に愛着の絆をつくるようになるのだ。

ミルクはもちろん生きていく上で必要だが、体温の低下を防ぐことは同じくらい生命に直結している。だから赤ん坊はこのようにしてくれる相手に特別な愛着を示すようになるのだろう。

またブタを用いた実験ではあるが、母親から繰り返し分離された子ブタの深部体温を測ってみると、実際に深部体温の上昇がみられ、子ブタには背中を丸めていたり、長い時間目を閉じていたりといったように、抑うつ的な症状が現れていた。

もちろんブタの実験結果をそのまま人間に当てはめることはできないが、これは深部体温が上がるとうつの原因となる、とした前述の実験結果と同じである。このブタは人間の愛着のタイプでいえば、回避型の愛着スタイルになるだろう。回避型の愛着スタイルとは、他者との親しい関係を避け、傷つけられるのを防ごうとするタイプであり、その原因は親が子どもの発するサインにあまり反応しないことにあるとされている。

つまり、子どものサインにあまり反応せず、心理的な境界の内に入れてあげないと、子どもは回避型の愛着スタイルになりやすく、将来的には抑うつ症状を呈しやすくなるということになる。

母親と赤ちゃんの体は同調している

このように、子どもの発するサインに養育者が応えてあげると、身体的な変化が起きてくる。たとえば母親の心拍のリズムが赤ちゃんの心拍のリズムに同調し、今度は逆に赤ちゃんのリズムが母親のリズムに、実に1秒以内のタイムラグで同調することがわかっている。

また母親がストレスを経験すると、それは即座に赤ちゃんの体にも伝わる。イスラエルの心理学者、ルース・フェルドマンたちは、他者から否定的な評価を受けるといったストレスを受けた母親が、泣いている赤ちゃんに触れてなだめようとすると、赤ちゃんの自律神経や心拍などの生理反応が母親と同期することを発見した。

母親にストレスがあると、母親の皮膚の温度が低下する。すると触れられた赤ちゃんにも体温の変化が伝わり、それが赤ちゃんのストレスとなるのである。

さらにいえば、赤ちゃんの皮膚の温度が下がると、赤ちゃんは相手との距離を遠ざけるように振る舞うようになる。すると長じて愛着のタイプも回避型のように、人と親密な関係を築くことを回避するようになる可能性もあるだろう。

また興味深いことに、逆の関係もまた然りであり、赤ちゃんの体温の変化が、母親に伝わって同調が起こるのだ。

このような身体の同調は、よい反応も悪い反応も互いに同調する。よい反応の同調は愛着を築くために重要であるが、悪い反応の同調は、長じて悪い結果をもたらす。後者は何らかの方法でよい反応の同調にシフトしていく必要がある。そのやり方は第4章で詳しく述べることにしよう。

不安定型の人が疲れやすい理由

いずれにしても人生早期の皮膚への温かく柔らかい刺激が、愛着の絆を築く上で極めて重要な役割を担っていることがわかる。

安定型の愛着を築いた人は、将来的にも他者を信頼したり頼ったりすることがたやすくできるようになる。そのため大人になって病気になったようなときにも、それが悪化するのを防いだり、回復を早めたりすることもわかっている。

たとえば愛着のタイプは糖尿病患者のセルフケアの行動にも影響を与えているようだ。糖尿病の患者は足のケアをしたりダイエットをしたり口腔内の治療をしたり禁煙をしたりといったセルフケアを続けなくてはならないため、日常生活で相当な負担になる。米国の心理学者ロジャー・ヘンリクセンらによると、不安定型の愛着スタイルの人は、このようなセルフケアについて、よりコストがかかり困難だと感じてしまうという。自分一人で対処しなければならないと感じてしまうからである。その結果不安定型の人は、困難を感じるとより多くのエネルギーを消耗すると判断するようになり、それを節約するために単に休息をとったりして、運動することをやめてしまうのである。

寂しい人は太る？

さらにイスラエルの心理学者、サチ・エインドーたちの研究では、まず他者と親しくなるのを避ける傾向の高い女性と低い女性に実験に参加してもらう。彼女たちを、「二人で協力して課題を解いてもらう」グループと、「一人で課題を解いてもらう」グループに分ける。こうして他者との関係の持ち方について意識させた。その後謝礼にたくさんのチョコレートを置いて「好きなだけ食べてください」と言い、実際に食べた量について量ってみた。

その結果、他者と親しくなるのを避ける人ほど、たくさんのチョコレートを食べることがわかった。つまり親密さを回避する人は、一人で物事に対処しなければならないときに、それに備えて糖分を大量に摂取したのだ。

俗に「寂しい人は太る」といわれるが、嘘ではないようだ。

親密な関係を回避する人は、体が何事にも自分一人で対処する必要性を感じ取り、エネルギーを保存しようとするのだ。

他にも愛着が不安定型のタイプの人は、日常生活での些細な行動である買い物、料理、掃除などといったことも負担に感じてしまう。そこで一人でいることが長くなると、人は食事量を増やし、睡眠を長くとり、身体の活動量を減らし、エネルギーの消費を少なくしようとするのだ。だから信頼できる人が身近にいるだけで、健康のための行動にも前向きに取り組むようになるといえるだろう。

いずれにしても、ここで紹介してきた「寄りそうことの効果」というのも、もともとは幼少期の親子のスキンシップが基盤になっていることがわかる。そうして愛着が安定していれば、他者に対しても心を開き、他者を信頼して頼りになると判断するようになる。すると何か問題が起きても、そのことで生じる不安やストレスなどにも一人で対処するのではなく、他者が助けてくれる、という期待を持つことができ、その人たちからの助けも考慮してエネルギーの消費が抑えられ、本来の問題の解決に力を注ぐことができるというわけである。

第2章

触れないと皮膚は閉ざされる

失われた皮膚の交流

この章では、現代社会に生きる私たちの多くが、なぜ満ち足りた生活の中に生きづらさを感じてしまったり、閉塞感に苛《さいな》まれて抑うつ的になっているのか、多様な価値観があるにもかかわらず、生きがいを感じられなくなってしまうのか。なぜＳＮＳの友達はたくさんいるのに孤独を感じてしまうのか、人と親しくなりたいのにそれを避けてしまうのか。それらの原因について人間同士の「境界」における、スキンシップとしての「触れ合い」の視点から考えてみたい。

もともと日本人のスキンシップというのは、奇妙であるとよくいわれる。幼少期こそよく触れているものの、子どもが成長するとまったく触れなくなってしまうのだ。成人後は、握手やハグの文化もないため、恋人や夫婦以外の人と直接触れることはほとんどなくなってしまう。

ところがかつての日本の文化では、このような成人のスキンシップの不足を補うための装置が備わっていたと思う。それは皮膚の交流である。日本人は常に人と人の交流の中に暮らしの中心を置いていたため、直接的に皮膚を接触しなくても、皮膚は他者を常に身近に感じていたのではないだろうか。

第1章の自己膨張理論で述べたように、脳は周囲にいる親しい人を、あたかも自己の身体の一部であるかのように感じている。だからこそ昔の日本人は、わざわざハグや握手をして境界を解く必要がなかったのだ。

ところが近年は親しい人たちとの生活の場であるコミュニティが崩壊し、その一方で欧米流の「プライバシーの保護」が重視されるようになり、互いに干渉しないことをよしとする風潮が強まった結果、人との境界感覚はさらに強まった。また、暗黙の信頼関係をベースに営まれてきた人間関係は、相手を信頼しないことを前提とした関係、すなわち契約関係に置き換わっていった。

それに追い打ちをかけるように、近年ではSNSの普及によって、面と向かって交流しない関係も急速に増えた。そこでは境界としての皮膚の感覚を介さずに、直接的に情報が目から脳にインプットされる。あらかじめよく知っている人との間のSNS

の交流ならまだよいが、それでも日常的なディスコミュニケーションは常に起きている。

もちろんこうしたツールは、便利なコミュニケーション手段であり、否定することはできない。しかしその便利さや気楽さに慣れてしまい、面と向かっての交流が面倒だと感じるようになってしまったとしたら、どうだろうか。第1章で述べたように、直接的に触れたり、近くで寄りそったりして境界の感覚を拓くことで起こる「心の反応」は、人としての生きがいや尊厳を保つために本質的な意味を持つと思う。何より心が弱ったとき、心を癒してくれるものだと思うのである。

では日本人が大切にしてきた、皮膚の境界感覚を拓く装置とはいったい何であろうか、またその結果として起こる反応とは何か、考えていきたい。

人間の心理的境界はどこにあるのか

一般的に、人の心は脳にあると考える人は多い。

脳に限定しないとしても、少なくとも人の心は皮膚の内側にあると考えるのが妥当だろう。

しかし脳は人と共感したり、人を憐れんだり、同情したりというように、人と心を通わせるとき、境界は大きく膨らみ、相手の身体と一体化しているように感じている。別の言い方をすれば、このとき自己の境界は拓かれ、相手を自己の中に受け入れ、二つの身体が融合しているかのように感じられる。親がわが子を抱っこしたり、恋人同士でハグしたりしているときの感覚である。

人間の境界は物理的には皮膚であることは疑いないが、心理的に感じる境界というのは、閉じて相手を排斥してつながろうとしない状態もあれば、拓いて相手と親密な交流をとることもある。このような境界の様相について考えていこう。

二つの境界

英国の社会人類学者ティム・インゴルドは、境界について興味深い見方を提示してくれる。彼は、人間が住む複雑な世界をウェザー・ワールドと呼んだ。

図8のAとBはそれぞれ、人間の住む大地や大気の境界を表したものである。まずAは「剛体としての境界」である。剛体としての境界というのは、固体としての大地の上に（外部に）人間が存在し、その上に大気がのっているイメージである。各々が確固とした境界に区切られ、接していることになる。

しかし実際の大気の性質を考えてみると、天気というのは複雑な要素が絡み合って、一筋縄では予測ができない。地震の予測も現代の技術をもってしてもはなはだ困難である。むしろ地球からみれば大地の性質も、常に地殻変動をしている流体としてのあり方が近い。これがBの「流体としての境界」である。地表面はそれら大気と大地という二つの流体の界面であり、人間はその上でそれぞれの影響を受けている存在とみることができる。上に下に翻弄されダイナミックに影響を受けながら、やっとのこと生きているのが人間であるということになる。

さらにいえば、一人の人間の境界も同じように考えることができる。人間を確固とした剛体としてみれば、人間は環境から隔てる境界を持ち、その内側に変動しがたい性格が宿っているというイメージとなる。従来の心理学の性格観はこのようなものであった。

図8A　剛体としての境界

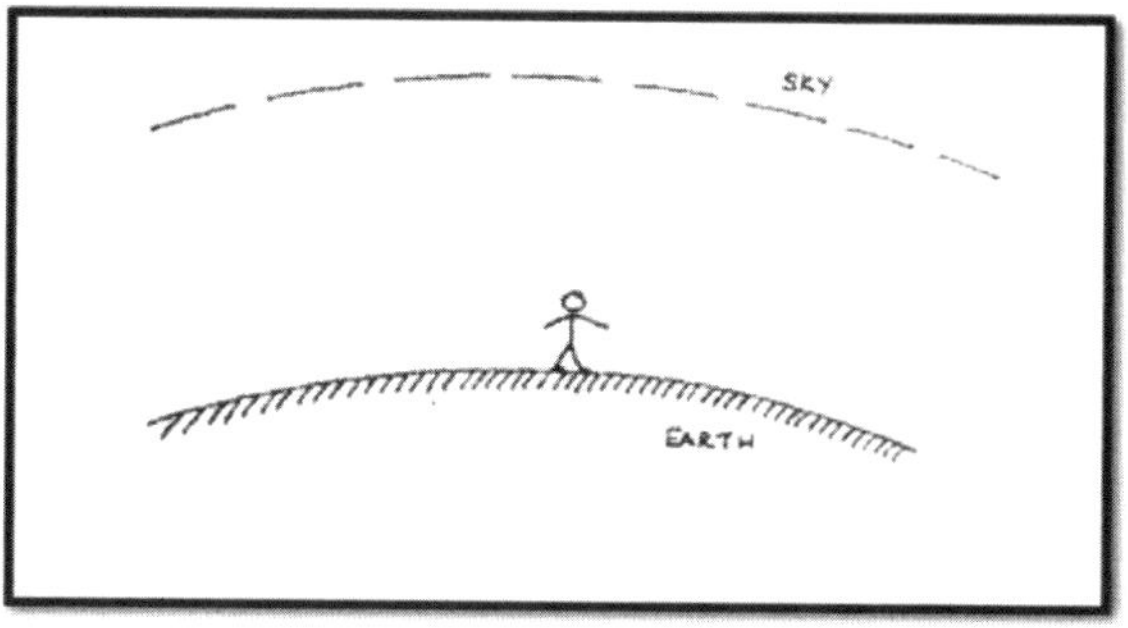

図8B　流体としての境界

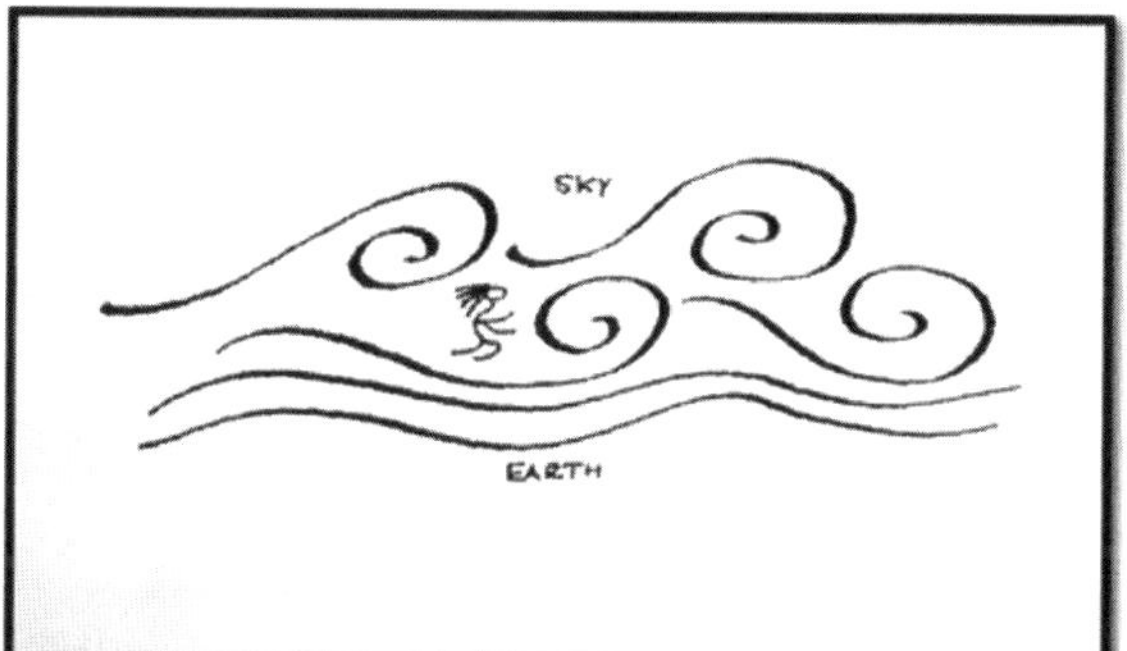

世界の外住者（A）と内住者（B）Ingold,2011,p.120 より転載

しかし実際の人体の実に60％は液体であり、人間自身の境界である皮膚も流体のイメージの方がむしろ近いことになる。すると人間というのは、自然や他者などさまざまなものにダイナミックに影響されている流体としての存在であり、性格というのはその時々刻々と変化する状況によって現れる、その人の一つの側面にすぎないという捉え方もできる。

日本人独特の「あわい」の境界感覚

このような流体としての境界と似た概念を、日本語では「あわい」という。私たち日本人の境界感覚というのは、世界的に見ても特異だと思う。境界を曖昧にすることを美徳とするのだ。

能楽師である安田登氏は次のように述べている。

「どうも日本人は身体であれ、心であれ、内と外との境界が曖昧で、そのために裡なるものが容易に外にあふれ出しやすい傾向にあったようです。

……中略……

この曖昧さをなくして自己と他者を峻別して「個」を作ることや、自分の「あぶれ性」をなくして社会人になることが西洋的な価値観では「成熟（mature）」だと思われています。

そういう意味では、日本人に「あわい」や「あぶれ」の傾向が強いというよりも、そのようなことに対して寛容であったと言った方がいいかも知れません」（『日本人の身体』ちくま新書）

「あわい」という言葉は、もともと「あう（会う・合う）」が語源だという。つまり、「分け・隔てる」ための境界なのではなく、むしろ相手と境界を共有することを前提にした言葉なのである。日本人にとっての境界は、「自己」と「他」というような互いに峻別することによる排斥関係ではなく、むしろ2者の境界を曖昧な状態にすることで未分化な混沌が生まれ、その中にこそ自己を感じられるといえばよいだろうか。

日本人はこのように、境界を出会いの場として捉えていた。だから日本語には出会いの際に交わす挨拶の言葉は最近までなかったそうだ。東南アジアの多くの国でも、かつて挨拶の言葉はなかったという。挨拶は欧米のように境界を隔てている者同士が、それを解くためにジェスチャーとしてつくったものだ。握手は手の平を相手に見せて武器を持っていないことを示す行為からきているように、欧米人にとってバリア機能を解くことは容易ではないのかもしれない。それに対してもともと確固とした境界を持たない民族にとっては、最初から他者と融合した感覚を持っているため挨拶は必要なかった。

出会いの場としての境界

出会いの場としての境界についてさらに考えてみたい。

たとえば東京の街は道路によって番地が区切られている。境界は区切りとしての役割がある。

それに対して京都の場合はどうだろうか。

京都中心部の旧市街地の住居表示は興味深い。たとえば市役所の住所は「京都市中京区寺町通御池上る上本能寺前町488」である。つまり通りの名前がついているのである。通りを中心に捉え、その北側（上る）、南側（下る）、東側（東入）、西側（西入）などとついている。このような街の場合、人々は通りを「区切る」機能としてではなく、むしろ通りが中心となり、二つの地域が「出会う」場所と捉えていたようである。

また江戸時代の五街道などもそうだろう。その周辺に住む人々にとっては、区切る道というより、そこに人が集い、宿場ができ、店が並び出会いが生まれるといった性格の方が強かったに違いない。

このような境界の特徴は、日本の家屋にも見られる。

欧米ではプライバシーを守ることが最優先されるため、部屋と部屋の境界は強固な壁で仕切り、部屋の入り口には鍵がかけられる。それに対して日本では衝立《ついたて》や襖《ふすま》、障子などで区切るだけであった。特に衝立などは区切っていることの意思がわずかに感じられる程度のもので、区切る者と区切られる者の合意があって初めて成り立つような境界である。

さらにいえば、そのような「あわい」境界だからこそ、そこに人の好奇心が向かい、隣の部屋で誰が何をしているのか、気配で察しようとする。境界に人の注意・関心が向かう装置でもあるのだ。

また日本の昔ながらの家屋は、環境である自然と家の内部との境界を、区切る場としてではなく、むしろ「出会いの場」として捉えており、そこに縁側という中間地帯を置いていた。現在でこそほとんどなくなった縁側というものは、昔は外から配達人などが入ってきたときに、そこに座っておしゃべりをしたりする場であった。

このように、「見られていること、聞かれていること、見えること、聞こえること」といった「人が住んでいる気配」を感じられる環境で生活することこそが、日本人にとっての安息であり、それが日本人にとっての住みやすい家だったはずだ。決して個のプライバシーを守ることではなかったのだ。最近、シェアハウスやかつての長屋に住む人が増えているというのは、他人が住んでいる気配を感じながら住むこと、すなわち境界が拓かれた状態で生活することに憧憬を抱く人が増えているためであろうと思う。

こうした日本の家屋と同じように考えれば、人間の思考や感覚などの、俗にいう

図9　「人の気配」が感じられた日本の昔の家

「内的世界」といったものは、実は内部に閉じられた現象なのではなく、「内的世界」とそれを包摂する「外的世界」が出会う境界という場、すなわちそれらに接している皮膚でこそ自然発生的に生じるともいえるのではないか。

境界が持つこのような特質について、哲学者のスピノザは、「人間は頭で考えるのではなく、物の表面で考えるのである」と述べている。つまり人と人、あるいは人と物の境界とは、本来的に無意識に行われている活発な相互コミュニケーションの場なのである。

このような境界の視点から、次に皮膚という境界についてみていこう。

肌と皮膚

人間の境界は「皮膚」であることに異論のある人はいないだろうが、日本語には興味深いことに、皮膚を表す言葉として「肌」という言葉もある。なぜ二つの言葉を用いるのだろうか。

皮膚は組織学的なskinを指すものであるが、肌ははるかに複雑で豊かである。『類語大辞典』（柴田武・山田進編、講談社）によると、肌は、「人間の体の表面（の皮）」であるだけでなく、さらには「典型的には『顔・背中・胸・腹』の部分であり、てのひら・足の裏・指などの狭い部分は普通は『はだ』といわない」という。昔から日本人は、胸（「胸がすく」など）や、腹（「腹黒い」など）に感情が宿ると考えていた。だからこそそれらの部位の皮膚に「肌」を用いているのかもしれない。

いずれにしても日本人には「肌」への独自の思いや感覚があるようだ。その感覚は、次のような言い回しにも見て取れる。

「肌が合わない」……気質、気立てが合わない。

「肌で感じる」……理論でなく、直接の経験で感じる。
「ひと肌脱ぐ」……あることについて力を尽くす。
「職人肌」「学者肌」……職人に特有の気質。学者に特有の気質。

「肌」とはその人の内面が溢れ出てくることを前提とした身体の表面にあり、それゆえ外部との関係性をも表現する言葉なのである。

肌は皮膚よりも、深く豊かな概念であることがわかる。

それが理由かは定かではないが、日本人は古くから「肌の手入れ」に熱心だったという。『源氏物語』には米ぬかで顔や髪の毛を洗っていた様子が記されており、江戸時代には大奥でヘチマ水が化粧水として人気があったという。内面を反映し、表情をつくり、言葉に表さない心を伝える存在として、思いを込めて手入れしてきたのだろう。

それに対して英語では皮膚は〝skin〟の一語である。これは身体を覆う皮という程度の意味である。欧米の人たちは、相手に触れるときには、境界感覚を大切にする。相手の領域としての境界に無作法に侵入することは相手を傷つけることにつながるからだ。

だから子どもへのマッサージでも、触れるときには、「触れていいですか？」と許可を得てから触れることが大切だ、と教わるが、これは日本人にとっては違和感がある。

もちろん現代では、相手が子どもだったとしても、知らない人が許可を得てから触れないと、親も不安になるだろう。しかしかつては、境界が拓かれ、暗黙の信頼関係が成り立っていたため、見ず知らずの子どもにも普通に触れていたし、親も不安に思うことはなかっただろう。

「あわい」「肌」としての境界の感覚が、日本人の人間関係やさまざまなものの捉え方の根底にあり、それが日本文化に通底してあるように思われる。

次に、このような独特の境界感覚を持つ日本人は、どのような人間関係を営んできたのか、考えていきたい。

なぜ日本人は対人関係に悩むのか

俗に、日本人は集団主義だといわれることがある。しかし社会学者の濱口惠俊は、日本人の人間関係の特徴について、西洋型の「個人主義」に対する「集団主義」ではない、と述べている（『日本型信頼社会の復権』東洋経済新報社）。

彼によればたとえば職場では、個人を集団の中に埋没させて仕事の集団を優先するというのではなく、各人が互いに仕事上の職分を超えて協力し合い、それを通じて組織の目標の達成をはかり、それが翻って自分の欲求を満たして、集団としての充実につながるのが「日本的集団主義」なのだという。

彼の主張する間人《かんじん》主義については、本書のこのあとの議論でも重要な位置を占めているので、西洋の個人主義と比べながら、「スキンシップ」の立場からもう少し深く解説したい。

西洋の文化は、すべてを個人の力と責任で成し遂げることに価値を置くものであり、それには自己を律する強い自我が必要である。このように西洋の「個人主義」では、人に依存するよりも個々人が独立して社会を生き抜くことに価値を置く。

頼みとできるのは自分以外にないことを前提にするため、他人との関係も自分の欲求を満たすための手段であると捉え、人間関係それ自体に無条件に価値を置くものではない。


それに対して日本人は、自己を他から独立した「個人」ではなく、「間人」として捉えている。自分を、人と人との「間柄」に位置づけられた相対的な存在であると感じ、社会生活を自分一人の力で営むのは不可能だと感じている。自立ではなく、相互依存こそ人間の本態だという価値観なのだ。この相互に信頼し助け合う価値観を「間人主義」というのだ。これは、対人関係を自己の生存のための手段として捉える「個人主義」とは、対照的な価値観だろう。

それらの違いはたとえば職場の人間関係で如実に表れると思う。欧米の人間関係は、互いに独立した個人間での契約関係が基本である。そこでは職務を超えてまで個人的な人間関係が発展していくことはあまりない。だから定時には仕事を終えて、そのあとはプライベートな時間を楽しもうとする。

図10　個人主義と間人主義

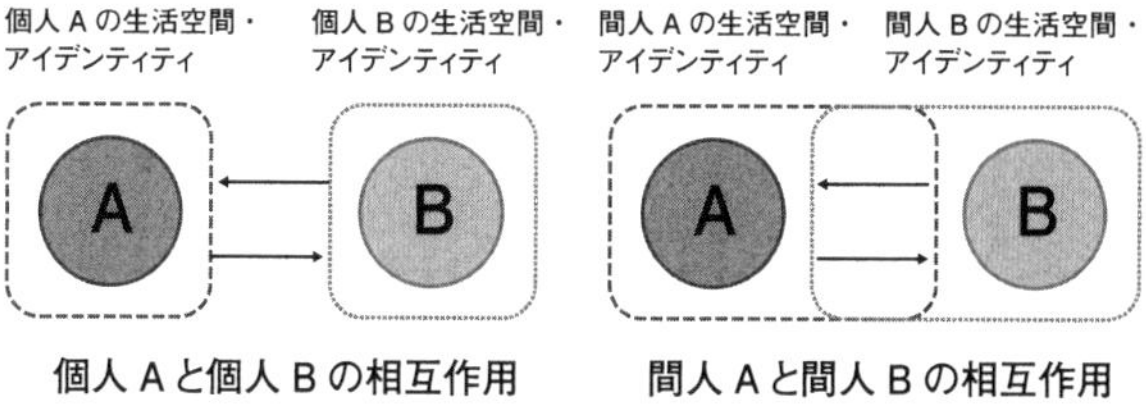

個人の相互作用は、それぞれの生活空間の外側にあって手段的なものとみなされる。
間人のそれは、二人に共有された生活空間によって各人を成り立たせる必須の要素として本質視される

濱口惠俊『日本型信頼社会の復権』（東洋経済新報社）より一部改変

それに対して日本人は、定時に自分だけ仕事を終えてさっさと帰ってしまうことはないだろうし、せっかくの有給も消化しきれない人も多い。どちらも仕事仲間との関係性を第一に考えているからだ。

濱口はこのような関係を図にしてわかりやすく解説している。

図10左の個人主義は、独立したＡとＢがそれぞれの領域を守りながら相互作用をする。それに対して右の間人主義の場合、ＡとＢの生活空間は互いに重なり合っており、重なり合った部分を含めて自己のアイデンティティと感じている。

だから日本人は主体性がないとか個人のアイデンティティが希薄だ、ということで

はなく、他者との相互に包摂《ほうせつ》するような関わりの中で、個人個人が主体性を確立し、そこにアイデンティティを感じているのだ。

日本人は、「個人主義」でもなく、「集団主義」でもなく、「間人主義」の価値観に基づいて社会や組織に関わっている。人間は互いに依存し合って生きざるを得ないのだから、その関係を前提にして、自他を生かしていこうというのが、日本人の基本的価値観であり人間観であるといえる。

そのためには、境界の感覚がきちんと拓かれている必要がある。

人との境界に対して持つこうした日本人の独特の価値観においては、人間関係の中に溶け込めなかったり、対人関係の軋轢《あつれき》に悩まされたり、人間関係の中で自己を見失う人も当然のことながら出てくるだろう。対人関係にこそ無条件の生きがいや幸福感を見出す日本人にとって、対人関係の問題は、すなわち自己の価値そのものに直結する問題となるからである。

西洋で生まれた心理学では、そのような人間関係の問題は、たとえば社会的スキルを身につけて解決しようと考える。つまり個人としての自己を確立することが重視されるため、相手を尊重しながら自己を主張するといった、対等で独立した個と個の関係を目指すことに主眼が置かれる。もちろんそのような技術を身につけることも、問題解決のための一助となるであろうが、日本人にとっては、本質は違うところにあるだろうと思う。

「間人主義」の考えに立てばむしろ、他者との間で自己の存在感や生きがいをみつけることが大事だ。たとえば献身的に看護や介護をすることで、患者から感謝されるとか、被災者を手伝い「ありがとう」と言われるといった些細なことに喜びや生きがいを感じるのが日本人だ。

サラリーマンの場合はどうだろう。自分の利益のためではなく、集団のことを考えて行動する。すると皆から感謝され必要とされる存在になれる。自己を集団のために犠牲にするのではなく、相手が喜ぶことを優先した行動をしてみるのだ。集団のために仕事の量を増やすのではなく、少し違った目線で周囲の人間関係の中に価値を置く行動をしてみるのだ。

たとえば、取引相手と会食をしたとする。このとき、経費で落とせるとしたら、たいていの場合、会社に支払ってもらうだろう。しかしそれを自腹で支払ってみるとどうだろうか。相手は自身の価値が高められ、人として尊重されていると感じるのではないだろうか。そして自分は相手との会食がとても有意義だったため、自腹でよいのだという気持ちが生まれてくる。

そのように自分を敬ってくれる相手に対して、相手は有利な条件で契約を結んでくれたり、当初考えていた以上の品を購入してくれたりすることになるかもしれず、結局は自己にとってメリットが返ってくることになる。

あるいは看護師や介護士の場合はどうだろう。仕事でやっていることとはいえ、「間人主義」の立場で接することは、相手との関係の中から自己の価値を見出すことだ。そこで、相手の立場を慮《おもんぱか》り、相手を人として尊重する態度で接することで、患者から必要とされる存在になれるだろう。

患者からもらえる「ありがとう」「お疲れさま」といったちょっとした一言や、笑顔を見せてくれたというような小さな変化が何よりうれしく、そこにやりがいを見出すことができるようになる。そしてそれは患者を丁重に看護するような態度となって表れるといったよい循環を生み出すだろう。

このような日本人に特有な人間関係というものについて、次に科学的な立場から理解を深めていきたい。

人の「なわばり」感覚

ペリパーソナルスペースとパーソナルスペース

人間は自分の身体の周りに「なわばり」として感じる空間を持っている。これを個人空間（パーソナルスペース）という。その分類は研究者によって多少異なるが、脳の空間の把握の仕方に基づいて分類すると、大きく3層に分かれる（図11）。内側から見ていくと、Cの領域は身体空間といい皮膚の内側にある空間である。Bの領域は、手を伸ばせば届く範囲の空間であり、Aの領域は、その外側の空間である。

第1章で触れたミラーニューロンの発見者、イタリアの脳科学者ジャコモ・リゾラッティは、脳はBの領域内にある人や道具を特殊なやり方で把握していることを発見した。つまりこの領域内にある人や物を、自分の身体の境界である皮膚が膨張して、あたかも自分の身体の一部であるかのように感じていることを明らかにした。そして、そのような空間を特にペリパーソナルスペースと名付けた。たとえばナイフとフォークを使ってステーキを切っているとき、そのナイフとフォークは自分の身体の一部であるかのように脳は捉えている。だからナイフで肉を切る感覚から、手で肉に触れているような繊細な触感まで感じることができる。野球のバッターは、バットを自分の腕が延長したものとして捉えているし、視覚障害者の白杖も同様である。

同じことは人に対しても起こる。親密な人が近い距離にいると、脳は相手の行動を見て、自分が行動しているかのように感じている。相手が苦痛で顔をしかめると、自分も痛みを感じる部位が反応して顔をしかめてしまう。ミラーニューロンシステムの働きだ。

図 11　空間の広がりの分類

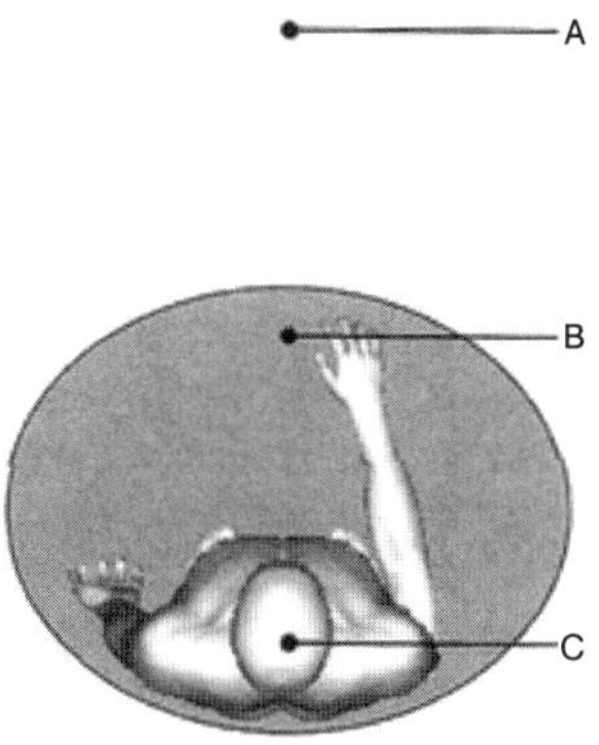

A: 遠位空間（extrapersonal space）
B: 近位空間（peripersonal space）
C: 身体空間（personal space）
菅原光晴・前田眞治「半側空間無視」『神経内科』77(5), 512-520, 2012 より一部改変

世界の見え方は文化に依存する

このようなペリパーソナルスペースは生活している文化によっても異なっている。少し話はズレるが、世の中の見え方も、その人が生まれ育った文化によって異なるというのはご存知だろうか。まずはその実験から紹介しよう。

米国の心理学者リチャード・ニスベットは、日本人と米国人に、アニメの魚が泳いでいるシーンを見せ（図12）、何が見えたか答えてもらった。すると米国人はまず大きな魚に注目して話し始めたのに対して、日本人はまず背景とシーンの全体について語り、大きな魚にはたいして注意を払わなかったという。

同じように、もう少し客観的に捉えるため、アイトラッカーという装置で実験参加者の視線の注視点を追跡してみた。ジャングルのトラの写真を見た米国人の視線は、まずトラに集中したのに対して、東アジア人（日本人や中国人、韓国人）は同じ写真を見て、背景の被写体を凝視し、ときどきトラに視線を移した。

図12　魚が泳いでいるシーン

この絵を20秒間見せたあと「何が見えたか」尋ねた
Miyamoto & Nisbett, *TRENDS in Cognitive Sciences* Vol.9 No.10, 2005より一部改変

つまり米国人は中心になる対象物に注意を集中させるのに対して、東アジア人は全体的な光景を見るのだ。しかも意識的に目をそのように制御する以前の、無意識に行っている見方なのだ。

日本人はまず全体の雰囲気を感じる。だからそれができないこと、すなわち「空気が読めない」ことは、排除される格好の理由となる。

視覚優先の欧米人、触覚優先の日本人

これと同じように、生活する文化によってペリパーソナルスペースの感じ方も異なっている。

欧米人は何より視覚優先である。パプアニューギニアのパルティ族は、ペリパーソナルスペースは音で決まると考えている。アンダマン諸島のオンギー族は、匂いである。彼らは音や匂いに関する言葉を豊富に持ち、あらゆるものを音や匂いを判断基準に分類しているほどだ。

このように考えたとき、日本人のペリパーソナルスペースは何を基準に決まっているのだろうか。科学的な研究はされていないが、著者は触覚ではないかと思っている。それは、日本語には手や触覚に関する漢字が非常に多いからである（図13）。

また日本語には、たとえば着物の良し悪しを判断する言葉に「風合い」がある。これは主に着心地のことであり、デザインや色といった見た目を重視する洋服の価値観

図 13　漢字から見た五感の情報量

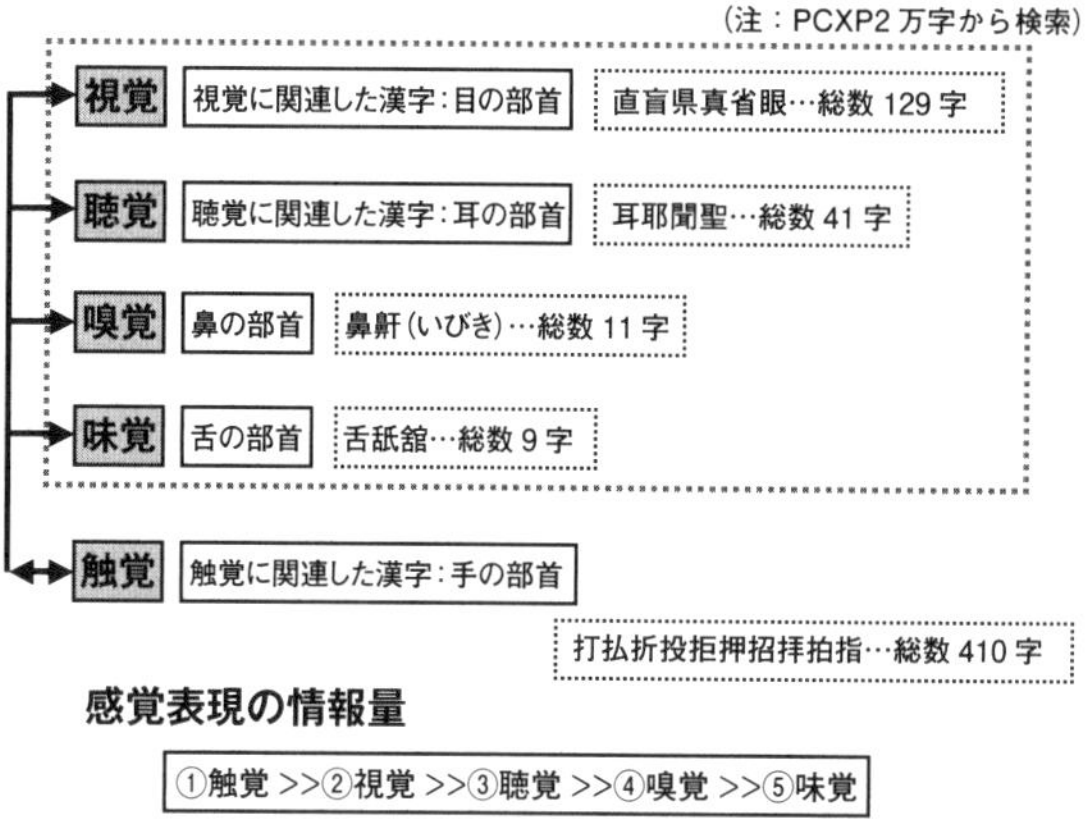
(注：PCXP2 万字から検索)
視覚
視覚に関連した漢字：目の部首
直盲県真省眼…総数 129 字
聴覚
聴覚に関連した漢字：耳の部首
耳耶聞聖…総数 41 字
嗅覚
鼻の部首
鼻鼾（いびき）…総数 11 字
味覚
舌の部首
舌舐舘…総数 9 字
触覚
触覚に関連した漢字：手の部首
打払折投拒押招拝拍指…総数 410 字
感覚表現の情報量
①触覚 >>②視覚 >>③聴覚 >>④嗅覚 >>⑤味覚

とは異なるものである。しかしたとえば「シャリ感のある布」と言われて、それがどんな肌触りであるのか、わかる人はどれほどいるだろうか。繊維や衣服の世界では、風合いを表現する用語として「シャリ感」は当たり前のように使われている。このような風合いを表現する言葉は約150もあるという。微妙な肌触りの違いをきちんと言葉にして伝えてきた伝統があるからだ。

　国語学者の金田一春彦は、日本語の擬態語《オノマトペ》には、「サラサラ」「ツルツル」「ゴツゴツ」「ゴワゴワ」など触覚に関するものが多いと指摘している。風合いと同じように、日本人は物の手触り感やその表現について、微に入り細に入り感じ分けてきたのだ。多くの日本語を学習する外国人は、このようなオノマトペが理解できなくて困るという。どのような感触なのかを言葉で説明することは難しい。しかし日本人であれば、こんな簡単な言葉でいとも簡単に通じることができる。

また西洋のカップと異なり、日本の漆器などの湯飲みには把手《とって》がついていない。それは意図的に把手をつけないことで、中身の温度も手で味わってもらう意図があるという。その微細な感触は、文豪谷崎潤一郎の小説『陰翳礼讃』の中にも見事に叙述されている。

「私は、吸い物椀を手に持った時の、掌が受ける汁の重みの感覚と、生あたゝかい温味とを何よりも好む。それは生れたての赤ん坊のぷよ〳〵した肉体を支えたような感じでもある」

「漆器の椀のいゝことは、まずその蓋を取って、口に持って行くまでの間、暗い奥深い底の方に、容器の色と殆ど違わない液体が音もなく澱んでいるのを眺めた瞬間の気持である。人は、その椀の中の闇に何があるかを見分けることは出来ないが、汁がゆるやかに動揺するのを手の上に感じ、椀の縁がほんのり汗を掻いているので、そこから湯気が立ち昇りつゝあることを知り……」

このような繊細な触覚によって、かつての日本人は身の回りの物とも、皮膚で豊かなコミュニケーションを楽しんでいた様子がわかる。

日本人が触覚でペリパーソナルスペースを感じているとしたら、人に触れたときの感触によって、境界を拓いて相手を内に入れるか、排除するかを決めているのかもしれない。しかし実際には前述のように日本人は大人になるとほとんど人に触れなくなる。そこで触れなくても皮膚が感じている感覚を頼りに、ペリパーソナルスペースを決めているとも考えられる。

たとえば先にあげた「空気が読めない」というのも、実際には皮膚が判断基準ではないだろうか。もちろん視覚は重要だ。だがその場の雰囲気といったものを視覚だけで判断するには限度がある。おそらくその場を写真で見たとしたら雰囲気はなかなかわからないだろう。その場に行って肌で感じなければわからないのが雰囲気なのではないかと思う。それはたとえば雰囲気を「ピリピリした」「温かい／冷たい」とか、「雰囲気に溶け込む」などと触覚や体感で表現することからもわかる。

抱きしめ細胞の存在

生活場面によってペリパーソナルスペースは自在に伸縮する。

たとえば私たちは、ラッシュの満員電車に揺られているとき、互いのペリパーソナルスペースを侵害してしまうため、他人を環境の一部であるかのようにみなしたり、眼をつぶることによって、余計なストレスを感じないようにしている。一人ひとりをペリパーソナルスペースに入っている人間として捉えてしまうと、それぞれの人に対する働きかけ（声をかけたりほほ笑んだり）を意識するように脳が活動してしまい、余計なエネルギーを消費してしまうため、それを回避しているのだ。

このように人間関係によってペリパーソナルスペースは伸縮する。

イタリアの生理学者テネギ・チアラたちの実験では、協力的な人と非協力的な人が、それぞれ被験者に近づいてきたときのペリパーソナルスペースを測ってみた。すると、自分に協力的な人が近づいてきた場合だけ、相手をペリパーソナルスペース内に入れることを許し、脳は相手の身体と融合した感覚を持つようになった。つまり、相手が自分に協力してくれるような親密な関係だと判断すれば、脳は相手の身体をも自分の身体の一部として知覚するようになるということだ。

このような事態は、親子の関係ではよく起こる。たとえば親が子どもを抱きしめているとき、子どもは親の、親は子どものペリパーソナルスペース内で、自分を相手の一部であるかのように感じている。

まだ証明されてはいないが、米国の神経科学者マイケル・グラツィアーノは、脳にはこのような親和行動に特化した細胞があるのではないかと考え、これを「ハグ（抱きしめ）細胞」と名付けた。愛する者を抱きしめているときは、互いにペリパーソナルスペースを共有しているため、安心を感じるように働くという。

ペリパーソナルスペースの内側では互いの身体を自分の一部であるかのように感じるため、互いの行動が共振する。第1章でも述べたように、そのような行動が子どもにとっては、安心感をもたらし、それが安定した愛着に発展する。親にとっては子どもとの一体感が深まり、養育行動へと発展していく。

ペリパーソナルスペースは育児にとっても、相手との信頼や愛着関係を築くためにも、必要不可欠な役割を果たしている。

日本人は触覚を基にしたペリパーソナルスペースを持っているようであり、育児に関してもそのような育児文化をつくってきた。だから単純に欧米の育児を礼賛して取り入れればよいというものではなく、文化に根差した子育てを考えていく必要があると思っている。

次に、そのような日本の育児文化について考えてみよう。

触覚を大切にしてきた日本の育児

日本と欧米、抱っこの違い

九州大学の北山修は、江戸時代の浮世絵に描かれている母子像を分析することで、日本に独特の育児文化の中に潜む興味深い法則性を発見している。

それによると日本の母子像の多くのものが、母親と子どもが玩具などの同じものを見つめている（共同注意）様子を描いているという。それに対して、欧米の母子像では、母親が子どもを抱っこして、母子が見つめ合うものが多いという。この違いはどこからくるのか。

たとえば次ページ図14の「幼稚苑　鯉とと」（揚洲周延《ようしゆうちかのぶ》）では、幼子を母親が抱き

図14　共同注意を描く母子像

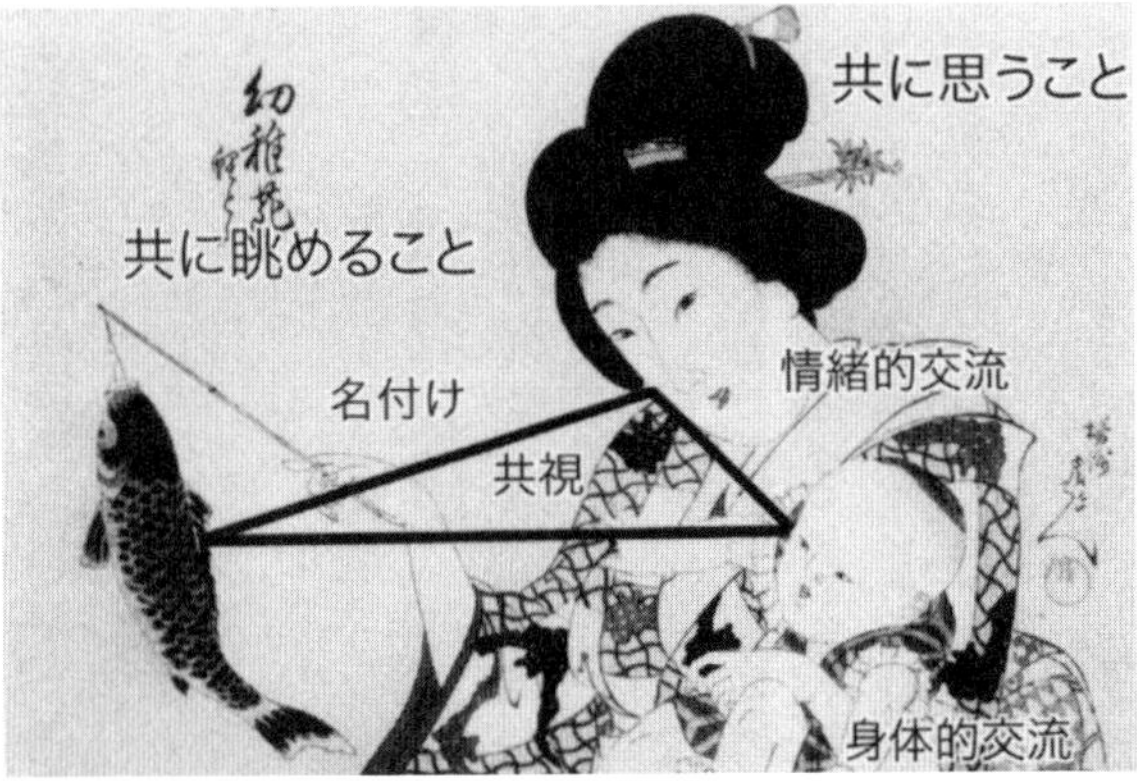

北山修編『共視論』（講談社）より

かかえることで、身体的、情緒的な交流を行いながら、母親が対象を指し示し注視して「こい」と命名することで、子どもにも同じものを注視させる。このように母親主導で、情緒的交流を伴う言葉の教育を行っているのである。北山は、こうして子どもが母の視線を追いながら母と対象を共有し、その中から言語を習得したり、思考のパターンを学んだりする、そのプロセスが浮世絵には雄弁に表現されているのではないか、と述べている（北山修編『共視論』講談社選書メチエ）。

実際、ドイツの認知心理学者マイケル・トマセロの研究からも、子どもが注意を向けている対象について母親が言及することが多い方が、子どもの言語発達がよいことがわかっている。
同じ抱っこでも、抱っこの仕方が大切なのだ。

背中の感触が大事なおんぶ

欧米にはない日本の育児の伝統に「おんぶ」がある。おんぶは背中の子どもを直接見ることができないため、親は子どもが何をしているのか背中の感触から気配で感じ取るしかない。

もちろん子どもが小さいうちは「抱っこ」が十分に必要だが、日本文化の中では徐々に背中のおんぶに移行していく関係性がふさわしいと思っている。子どもは親の「背中を見て育つ」ともいうが、子どもをほったらかして無視するのではなく、親が子どもを背中越しに感じるような関係である。このような親子の関係は、背中におんぶされた子どもにとっては、親の視線に支配されないために、自由な行動を許される。二つの身体は接触して安心感を保ちながら、子どもにとっては自由を享受することができ、共同注意的に世の中を見て心が通じ合う。

この章の初めに、日本の障子や襖といった「あわい」「流体」としての境界について論じたが、じっと正面から見つめるのではなく、背中越しに何をしているのか気配で感じるような、ゆるく拓かれた境界感覚が、日本の育児文化の中で大切な部分であると思う。

先に紹介したペリパーソナルスペースは、身体の前の視線によって成立する領域であると考えられているが、このような背中の触覚でも成立するのではないかと思う。

生きづらさの原因は皮膚が閉ざされているから？

親子の関係は、まさにペリパーソナルスペースで起こる、「流体としての境界」である皮膚が重要な役割を担っている。

皮膚も当然、流体である。剛体同士の接触は、単に接触していても離せば元通りの自分に戻る。温度のやり取り程度の交流は起こるかもしれないが、離れればすぐに元通りになろう。ところが流体同士が接触すれば、そこには不可逆的な変化が生まれる。

たとえば青い色水と赤い色水が接したら、接触面から徐々に新しい色としての紫色がつくられていく。そしていったん紫色になった色水は、もはや元通りの青色と赤色に分離することはできない。

スキンシップというのは、異なる性質の液体が混ざることで起こる、不可逆的な心の反応であるといえる。そして逆に、そこにそのような反応が起こらなければ、本当の意味でのスキンシップとはいえないだろう。

あくまで一般論ではあるが、欧米のように親が子どもを厳しくしつけるような「基本的に縦の関係」ではなく、「おんぶ」に象徴されるように、共視の「基本的に横の関係」として、スキンシップをしながら子どもと関わる日本式の子育てというのは、子どもの境界の感覚を拓いて自尊感情を育みつつ、成長のための自由を与えられる、日本独自の仕方であると考えている。

過去の親子関係から自由になるために

少し話が変わるが、著者は「自分を愛せない人」「自己嫌悪に苛まれる人」「幸福感を感じられない人」「生きがいを見出せない人」などなど、現代の社会で生きづらさを感じている数多くの人に出会ってきた。そしてそのほとんどの人は、過去の親子関係に何らかの問題を抱えていた。

そのような人に共通してみられるのは、自尊感情の低さであり、その原因は境界が閉じていることにあると思う。

なぜ人は自尊感情が低下してしまうのだろうか。子どもは生まれたときは「天上天下唯我独尊」ともいえるほど、世の中で自分一人が尊い存在だと感じている。「おんぶに抱っこ」という言い草は否定的な意味で使われるが、養育者に絶対的に甘える体験というのは、自尊感情を高めてくれる貴重な体験だと思う。第1章でも述べたように、養育者に抱かれて皮膚を温められることで、温かい心が醸成されていく。これが自尊感情の根っこにあるものだろう。

実際にデータをとってみると、「おんぶ」や「抱っこ」のように家庭でスキンシップをたくさん受けて育った子どもは自尊感情が高いことがわかっている。親の子どもへのスキンシップは、子どもの自尊感情を高め、その効果は子どもが成人しても続いていく。そして成人後にも辛いことや悲しいことに遭遇したときに、その出来事についての脅威を和らげてくれる。スキンシップは、本来は「今、ここにいる人」としかできないものだが、過去に丸ごと受け入れられた経験や感覚の記憶はずっと残って消えることはない。

このようにスキンシップの育児では、自尊感情を育てるためには、「甘え」の関係が根本的に重要だと思う。そのことをみていこう。

「甘え」については、その賛否にかかわらず土居健郎の「甘え」理論を基に論じられることが多い。土居の「甘え」の定義は、「人間関係において相手の行為をあてにして振る舞うこと」であり、それは「本来乳幼児の母親に対する感情として起きる」ものである。

この日本人に特有な甘えの経験は、家族との安定した愛着関係を形成し、それを基盤として、「甘え」たり「甘えられ」たりできる対人関係の形成につながる。そしてそれを社会的な関係に広げていくことは、将来健康な社会生活を営む上での重要な資質となる。

ここで本当の意味での「甘え」を理解するために、よく似てはいるが問題のある「甘やかし」や「屈折した甘え」といったものとは区別しておくことが必要だ。

健全な甘えの関係を築いている人は、愛着も安定型の傾向が高い。「健全な甘え」というのは、相互依存的で、自分が他者に甘えたいときに甘えることができ、他者にも同様に甘えてほしいと思えることをいう。臨床心理学の山中康裕は、子ども時代の甘え経験は、助けを必要とするときに援助を求められるか否かの分岐点になると考え、甘えの経験は自他の甘えを肯定することにつながると考えた。

それに対して「屈折した甘え」というのは、成長過程のどこかで、健全に甘えることができなかったことから、屈折した感情になってしまった状態をいう。すると人を信頼することができなかったり、自己愛になってしまう傾向があるという。

さらに「甘やかし」というのは、親が子どものできることまでやってしまうため、子どもは自分の能力とその限界を知る術が断たれることになる。そのため甘やかされて育つと、子どもは本来の「甘え」の欲求不満状態になり、自己意識も十分に育たないと山中は考えた。

甘えというのは、境界の感覚でいえば、子どもの側から養育者に向けて自己の境界を重ねていく姿である。

このような感覚は成人後には、積極的に自己の境界を他者に重ねて自己の一部とみなし、「言わなくてもわかってもらえる」といった以心伝心を基本とする日本人の対人関係の特徴へと発展したはずだ。しかしそれは現在、言語や記号を主体とするSNSの普及によって大きな変貌を遂げようとしている。そこでは皮膚の境界の感覚が適用できないため、言葉足らずだったり、解釈を間違えたりといったディスコミュニケーションが生じやすいが、そういった傾向は日本人に特に多いという。普段から言葉でコミュニケーションする欧米人にとって、SNSによるそのような問題ははるかに少ないのだ。

日本人の境界感覚の風土が変貌しようとしている現状に対して、それを見直そうとする動きも見られる。米国の心理学者キャサリン・ルイスは、土居との対談の中で、日本の初等教育は教師と子どもとの情緒的な結びつきを重視した極めて特異で優れた教育であると指摘している。また「学級づくり」にみられる擬似家族的な仲間づくりは、「甘え」の形成を促す優れた教育方法であるとも述べている。

日本人はこれまでの伝統的な教育の優れた点に目を向けず、無条件に欧米の方式が優れているかのように捉えがちであるが、もっと日本の初等教育や子育ての文化を見直すことが必要なのではないだろうか。

皮膚が拓かれている多良間島の子どもたち

日本の文化に根差した育児文化を沖縄の多良間島《たらまじま》にみることができる。著者は早稲田大学の根ヶ山光一をリーダーとする研究グループの一員として、多良間島の子育ての調査に関わらせてもらっている。

私はそこで遊ぶ子どもたちの皮膚の拓かれていることに新鮮な驚きを感じた。真っ黒に日焼けした多くの子どもたちが太陽の下、サンゴ礁がどこまでも広がる海岸で、波に戯れながら遊んでいた。たとえば防波堤から2mもあるであろう海面に向かって次々と飛び降りるのだ。犬も一緒に飛び降り、子どもたちと泳ぎを楽しんでいた。都会の感覚では「危ない」ととっさに止めに入りたくなるような場面だ。このときの子どもたちはまさに自然との境界をなくし、海中でも熱帯魚たちとともに泳いでいた。

　さらに島の公園では、子どもたちが自然に集まってきて、皆で一つになって遊ぶ。そこでは学年や性別といった制度として設けられた境界などまったく意味をなさない。集まりたい子どもたちの中から自然発生的にグループがつくられ、その中で鬼ごっこに興じたり、おしゃべりに興じるのだ。2歳くらいの赤ちゃんが加われば、皆が赤ちゃんを次々に抱っこして遊んであげる。

　子どもはまさに「あわい」存在だと思う。子どもというのは、このようにいろいろな人や自然の中で自由に生活しながら、大きく成長するものだろう。

　そこに大人の姿はない。

　大人はマラソン大会、運動会、バレーボール大会などなど親睦会が頻繁に行われ、老若男女区別なく一体となる。何より島では「八月踊り」という有名な祭りがもっとも盛り上がるのだが、そのための準備に島の住民が1年かけて一丸となって盛り上がる。

　酒は大人同士の境界をなくす手軽な方法である。島では「オトーリ」といって、親（バンカー）となった者が一人ひとりに酒をついでまわる。つがれた人はその場でその酒を飲み干さなければならない。ここで面白いのは、オトーリに使うコップは一つであることだ。各々のコップについでいくのではない。こうして一つのコップで同じお酒をまわし飲みしていく風習は、他者との境界感覚を一気になくす働きを持つ。私も短時間のうちに、泡盛の濃度の高さと、濃密な人間関係の心地よさに、時間の感覚も麻痺して深夜まで楽しんだ。翌日の仕事に支障が出たのはいうまでもない。

一方、都会での飲み会というと、最近では一人ひとり飲みたいお酒を注文し、それぞれのペースで飲む傾向が強くなった。鍋料理など皆で同じものをつつくのを嫌う若者も増えた。話の最中でも、幾度となく手元に置いたスマートフォンをチェックし、自分の世界に入って境界をつくってしまう。

こうして現代の私たちの境界の感覚は、ますます固く閉じる方向に突き進んでいる。閉じたからといってそれは欧米のような独立した個の感覚を持てるようになったわけでもない。否、私たちはそのような独立した個を目指しているのではない。親が子どもに望む性格特性の上位は、以前と変わらず「思いやり」や「人に迷惑をかけない公共心」であり、「責任感」や「正義感」を望む米国とは異なっている。

やはりかつての日本の精神的土壌である「間人主義」の境界感覚はそう簡単に別の

ものにとって代わられるものではないのだ。

そうであれば多くの人との境界を拓いて、人との関わりに全幅の価値を置く社会を目指すことが、日本人としての幸福を追求する上で必要なことではないだろうか。誰もが傷つき弱さを抱えながら生きている社会では、そのような対人関係の質がもっと求められる時代なのだと思う。

第3章

病気やストレスが劇的に改善、スキンシップの驚くべき力

スキンシップが持つ癒しの力

第2章では、日本人が伝統的に培ってきた境界感覚についてみてきた。そしてかつての日本人のように境界感覚を拓いて人とスキンシップすることの大切さについて考えてきた。

この章ではさらに、人に触れたり、寄りそうスキンシップケアをすることによって、いかに病んでいる心身が癒され、元気を回復することができるか、そのメソッドについて紹介し、スキンシップケアが持つ癒しの力の現実についてみていきたい。

境界が拓かれることで人は癒される

私たちの多くは、心身の不調があると病院に行く。病院で検査をして、医者に治してもらおうとする。その行為自体は何ら問題はない。しかし私たちは、病気や不調は医者に治してもらうものだと無意識に考え、そのような態度を当たり前のようにとってしまっていることから、次のような問題を抱えてしまうことになる。

第1は、身体が持つ自然治癒力の存在を忘れ、最終的には自分の身体が自ずと治っているのだという視点が抜け落ちてしまうことである。私たちは、医者の言う通りに服薬し、栄養さえ取っていればよいのだと信じ、受け身的に治してもらおうとする。しかし実際に治しているのは、紛れもなく自分の身体である。だから身体が持つ自然治癒力を発揮しやすいように、自分でも努力すべきだということを忘れがちである。

自然治癒力を働かせるためには、自分の身体の感覚に耳を傾け、身体が欲するようにしてあげることが重要だ。身体は常に快を求める「快の法則」があるから、まずは身体の感覚として心地よいことをするのがよいだろう。それはたとえば運動することだったり、触れるケアを受けることだったり、身体を温めることであったり、人それぞれだ。受け身の姿勢ではなく、不調をそれ以上悪化させずに、治癒を早めるためにも、そういった努力が大切だ。

第2は、特にこの章で主張したいことであり、第1の視点よりもさらに気づかれにくい点であるが、心身の不調は対人関係の中でこそ癒されるということである。どんな不調や病だったとしても、それを一人で抱え込むのではなく、人に言うだけでも、多少なりとも心が解放される。すると免疫力が高まり自律神経が整う結果、自然治癒力も高まる。第1章でも述べたように、困難に感じることでも、寄りそってくれる人がいるだけで、困難に感じなくなることもある。自分一人で辛苦と闘わなければならないと思うと、心が折れて生きる気力もなくなるかもしれない。しかし他者とともにいるだけで境界が拓かれ、他者の身体も自分のものであるかのごとく感じられ、病気や不調を治そうとするエネルギーが倍増するのだ。

もともと「癒し」という概念は、未開社会で呪術によって患者を治療していた呪術医が、人々の病気を治す悪魔祓いの行為を指すものだという。

文化人類学の上田紀行は、癒しの意味について、次のように述べている。

「(癒しとは)なんらかの原因で、地域社会や共同体から、孤立してしまった人を再び、みんなの中に仲間として迎え入れること、そのための音楽や劇、踊りを交えて、霊的なネットワークのつながりを再構築すること(である)」(『覚醒のネットワーク』講談社プラスアルファ文庫)。

このように他者や社会と「つながること」こそが、病を癒すための重要なポイントだといえる。逆にいえば、周りにいる人は、そのような困難な状況にある人を決して孤立させてはならないのである。

実際のガン患者に対して、癒される体験についてインタビュー調査した研究によると、患者は癒される体験として、「他者とのつながりを実感すること」「日常性とのつながり」「社会とのつながりを回復する」といった「つながり」を重視した回答を多くあげていた。

また、ガンだと診断された患者の7割は、1ヵ月以内に身近な人に自分のガンについて告白していたという研究結果もある。そしてそのように身近な人に告白した人は、告白しなかった患者よりも、その後の生存年数が長くなることがわかっている。

こうして境界を拓いて人とつながりを持つことは、癒しの効果を高めてくれることがわかる。

現在の介護施設と病院の難しい現状

現在の介護や医療の現場を見てみると、その多くの施設では、さまざまな患者に触れ、寄りそうようなスキンシップを主体としたケアをしている施設はまだまだ不十分であり、さまざまな問題が起きやすい。

たとえば認知症の患者は、生活環境の変化に対応するのが難しいため、病院に入院すると混乱して大声を出したり、治療を拒否したりすることが少なくない。このため、やむをえず身体を拘束したり薬で症状を抑えたりすることがある。しかし日頃からそのようにしていると、身体の機能が低下し合併症を起こし、入院が長期化してしまうことが多い。それによって、以前は自分で歩けた人が寝たきりになって自宅に戻れなくなったり、病院としても、ベッドが空かないので、別の救急患者の受け入れが難しくなったりする問題が起きているのだ。

「人の手」で触れる意味

効率化を求められる医療現場にあっては、必然的に人間を非人間的に扱う傾向が強まる。しかしそれでは患者は尊厳を感じられない。自分の価値を過小評価してしまい、そのように扱う相手との境界を閉じて人との関わりを避けようとする。それは病気の治癒を遅らせるばかりではなく、患者は医療者を信頼しなくなる結果、言うことを聞かなくなり、ケアの質も落とすことになろう。それではかえって多くの医療費がかかり、効率を悪化させることになる。第1章で述べたように、効率化に対して「車のアクセルと同時にブレーキを踏んでいる」状態になってしまうのではないか。それよりも、相手にきちんと接して境界を拓き、人間として尊重する態度で接することは、それとは逆の循環をつくるのだと思う。

そしてそのためには、医療の原点である「手当て」、つまり相手ときちんと「スキンシップする」ということがなくてはならない。

そもそも「人の手で触れる」ということは、直接的に相手によい影響を与える点で、道具で触れるのとは決定的に異なっている。

同じ触覚刺激だとしても、按摩器やマッサージチェアとでは効果が違うのだ。

それを証明した英国の神経科学者、インジー・クレスたちの実験では、実験参加者の腕を、「なでる」「タッピングする」という2種類の触れ方で刺激した。このとき「人が手で」直接触れる条件と、「ベルベットを巻いた棒」を用いて触れる条件を比べてみた。その際、触れる人の手とベルベットでは、触れる圧やスピード、温度も統一して、触れられた人の脳活動を測定してみた。

その結果、やはり人が触れた方が、ベルベットで触れるよりも、全体的に脳の活動がより大きいことがわかった。触れた刺激の性質を知覚する脳の活動の大きさはどちらも同じだったが、感情に関わる「島皮質」の活動は、人の手で触れられる方が大きかったのだ。

ベルベットの刺激と、実際の人の手の刺激は、物理的には似たものだ。それにもかかわらず、人の手で触れられた方が、感情に関わる脳の活動が大きかったのだ。島皮質は痛みの体験および喜怒哀楽や恐怖などの感情の体験に重要な役割を持つ。

人の手で触れられると心地よく感じ、癒されるといった体験は、この部位の活動によるのだ。

そして2種類の触れ方を比べてみると、「なでる」方が、「タッピング」よりも脳の活動が大きいこともわかった。それは直接手でなでられることで、「相手に大切にされている」といった感覚が起こり、自尊心が高まるためであろう。

この実験から、単純になんでもよいから触覚刺激があればよいわけではないことがわかる。

次に、現代のさまざまな心の問題である、認知症や発達障害、トラウマ、うつや不安などの改善に、スキンシップによって境界を拓くことで、いかに効果を上げることができるか、その技について具体的にみていこう。薬などに頼らずに境界を拓くことで、これほどの効果があることに驚かれるだろう。

効果が実証された触れる癒しの技法

ユマニチュード

ユマニチュードとは約35年前、体育学を専攻するフランス人、イヴ・ジネストとロゼット・マレスコッティがつくった認知症のケア技法であり、日本でもテレビなどで紹介され、話題になっている。

ユマニチュードという言葉は、フランス領の植民地出身の黒人が「黒人らしさを取り戻そう」と始めた文化運動「ネグリチュード（黒人であること、黒人らしさ）」を基に、人（ヒューマン、フランス語でユマン）とかけ合わせたものである。

ユマニチュードは「ケアをする人とは何か」「人とは何か」という基本命題を根底に置いた、知覚・感覚・言語によるコミュニケーションを軸としたケアである。

その方法は、実に１５０以上の多岐にわたる細かい実践技術と同時に、その技法を支える「人とは何か」「ケアをする人とは何か」を問う哲学に裏付けされている点が興味深い。

ユマニチュードの哲学

ユマニチュードを導入すると、患者に劇的な変化が起こることから、何か特別な魔法のようなことをするのだろうか、と注目されることが多い。

しかしそのような特別なことは行わない。ただ「人間らしさ」を尊重し続ける、つまり「個人として尊重する」ことを理念に置いて接するだけである。

ユマニチュードのケアの柱となるのは、「見る」「話す」「触れる」「立つ」ことによる援助である。

このうち、「触れる」というのは、本書の中心的なテーマであるため、少し詳しく述べたい。

ユマニチュードでは、相手を人として尊重するために、触れる技術についても非常に細かく定められている。一例をあげると、相手の腕に触れて体を起こそうとするとき、相手の腕を上から「つかむ」のではなく、下から「支える」ようにして触れることを教える。あるいは、相手が動こうとする意思を慮りながらそれを援助する方向で支えるのである。上からつかもうとすると、どうしてもこちらの意思で、力ずくで相手の体をコントロールしているように感じられてしまうため、相手を尊重したことにはならないのである（図15）。さらには、相手の体に触れる瞬間、そして手を離す瞬間の手の角度にもルールがある。相手の体に垂直に触れると、触れられた相手にとっては少なからず衝撃を伴うからである。手を垂直に離す場合も同じだ。飛行機が離陸するときや着陸するときに、斜めの角度で離発着するように、手が触れる角度も斜めの角度が衝撃が少ないのだ。

また、「触れる」という動作も、単独で行ってはならない。私たちも人に触れられる際、事前に何もコミュニケーションせずに無言で触れられたとしたら、それは不気味な恐怖心さえ覚えるだろう。触れる際には、必ず事前に十分なコミュニケーションをとっておかなければならない。

ユマニチュードでは、それはたとえば「見る」「話す」といった行為を十分に行って、境界としての皮膚の感覚を拓いてから「触れる」のでなければならないと教える

図15　ユマニチュードの触れる技術

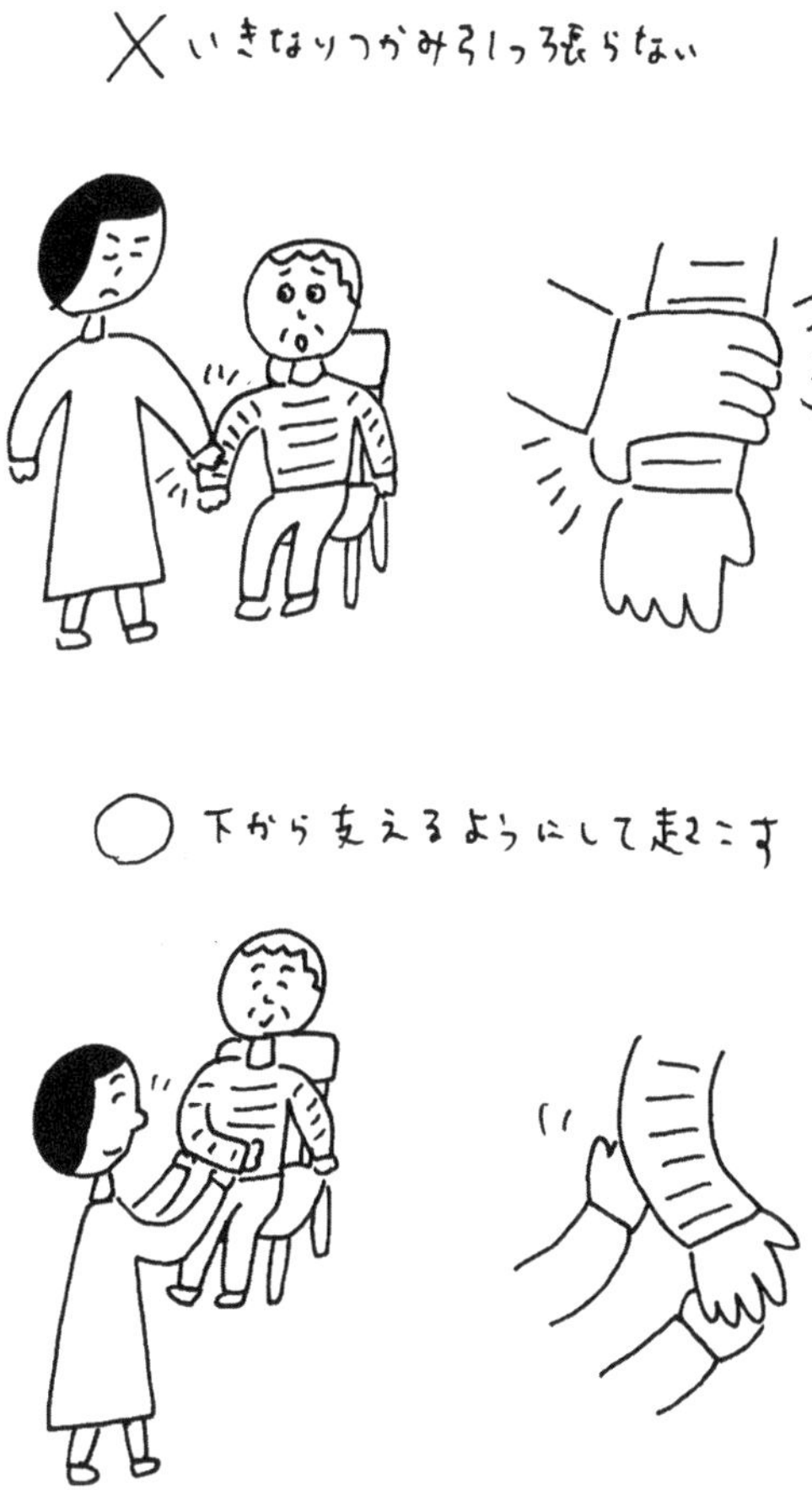
✕ いきなりつかみ引っ張らない
○ 下から支えるようにして起こす

図16 「触れる」までのステップ

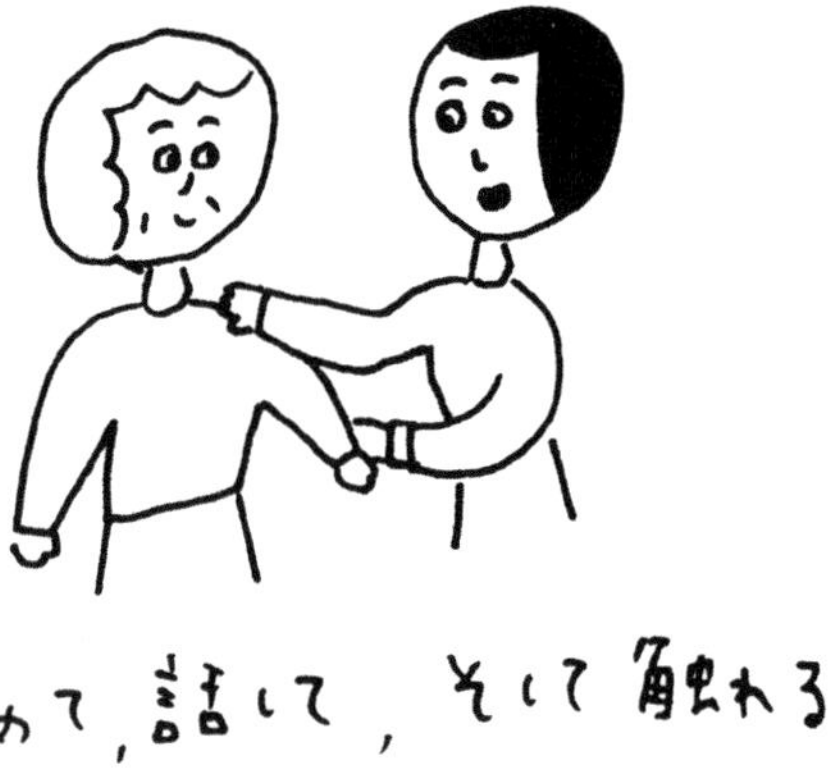

(図16)。

ここまで読んでこられた方は、「当たり前だ」と思われるかもしれない。

しかしたとえば「見る」とはどのようなことをいうのか、考えたことはあるだろうか。私たちは普段、会話をする相手の姿や表情を見ることはあっても、きちんと目を「見つめる」ことは少ないのではないだろうか。看護師の方も、ユマニチュードで「見ることが大切だ」と教えられると、「当たり前だ。患者のことはよく見ているよ」というような反応が多いという。しかし、それは患者の患部だけを見ていたり、病状や表情を一方的に見ている、あるいは監視しているといったように、観察しているのであって、心の交流を目指して見つめているのとは違うことが多いのではないだろうか。アイコンタクトというように、目を見つめて心の交流を起こすことは、まさに境界の感覚を解くスキンシップの大事な要素だと思う。

効果

ユマニチュードを導入したことにより、治療に協力的ではなかった人が、口の中に軟膏を塗らせてくれたり、ケアの際につばを吐いたりひっかいたりしていた人が、「ありがとう」と言ってくれるまでに変化したことも多いという。フランスの病院では、ユマニチュードを導入した結果、向精神薬の使用量が減少したり、職員の負担が軽減したりした等の効果も出ている。

また入院してから、自分で点滴を抜いてしまう、塗り薬を拒否する、食事を拒否するという状態だったのが、ユマニチュードを導入して２日後には、叫ぶことをやめ、会話もできるようになった患者もいたという。薬を受け入れ、自ら塗るようになり、食事も座って自分で食べるようにもなったという。

ユマニチュードを日本に導入した本田美和子医師は、「良好なコミュニケーションが持てるようになることでケアの困難な状況が改善し、患者本人と看護師双方の負担が減っている」と話している。

それではユマニチュードの技法は、通常の関わり方とはどこが異なるのだろうか。この点について静岡大学の竹林洋一は、情報学の観点から明らかにしている。それによると、ユマニチュードのケアは、「話す」「見る」「触れる」というコミュニケーションが時間の流れの中で途切れることなく常に行われているという。たとえば話していないときは、見るか触れるかのどちらかを必ず行っているといった具合に、何らかの技術で常に患者と接しているのである。こうして常に患者との境界を拓き続け、患者には常に「あなたは尊厳のある人間だ」というメッセージを送り続けているのである。

そのような関わりが、認知症患者に驚くほどの効果を発揮することがわかる。ユマニチュードは認知症患者に限定した関わりではなく、すべての患者、もっといえばすべての人間同士の関わりにも一般化できる。家庭でも、職場でも、学校でも、どんな人間関係であっても、相手との境界を拓くための重要なポイントをユマニチュードは教えてくれる。

セラピューティック・ケア

方法

セラピューティック・ケア（Therapeutic Care）は、1996年英国赤十字社が開発した手技であり、もともとは病気で入院中の女性にとって、メーキャップなどをすることが回復の助けになるとのアイデアから生まれた。

またセラピューティック・ケアは、直訳すると「治療力のある介護」となり、心理面への癒しも目的としている。英国赤十字社では、このサービスの構想を発展させ、多くの患者にハンドケアを取り入れ、ボランティアのための標準的な訓練コースとして設置した。そして病院、ホスピス、老人ホーム、身体障害者施設などに広がっていった。

本邦では、日本人として最初に英国でこのコースを受けた秋吉美千代によって1999年に紹介され、2005年には特定非営利活動法人「日本セラピューティック・ケア協会」が設立、2014年には認定NPOとなった。

方法は、筋肉の中でももっとも緊張する部分である肩や背中やふくらはぎを、なでたり（エフルラージュ）、こねたり（ニーディング）することで、循環機能を高め、患者の心理的なストレスや緊張をほぐすことである。

効果

２０１４年、日本セラピューティック・ケア協会の施術者たちに協力してもらい、触れることによるオキシトシン（絆を形成するのに重要な役割を果たすホルモン）やコルチゾール濃度の変化を明らかにする実験を行った。実験では、施術者が初対面の参加者に1対1で、肩と背中に30分この施術を行い、その前後で採血してオキシトシンの濃度を測定するというものだった。30分間何もせずに座っていることで起こる変化もあるため、統制群も設けた。実験の結果わかったのは意外なことだった。

図17のように施術を受けた人のオキシトシンレベルは上がってリラックスしたわけだが、施術者の上昇はそれ以上に大きかったのだ。ストレスホルモンのコルチゾールの低下も同じく施術者がもっとも大きく、免疫力の指標であるIg-A（免疫グロブリンA）の上昇もまったく同じ傾向がみられた。

図 17　セラピューティック・ケアによるオキシトシンの変化

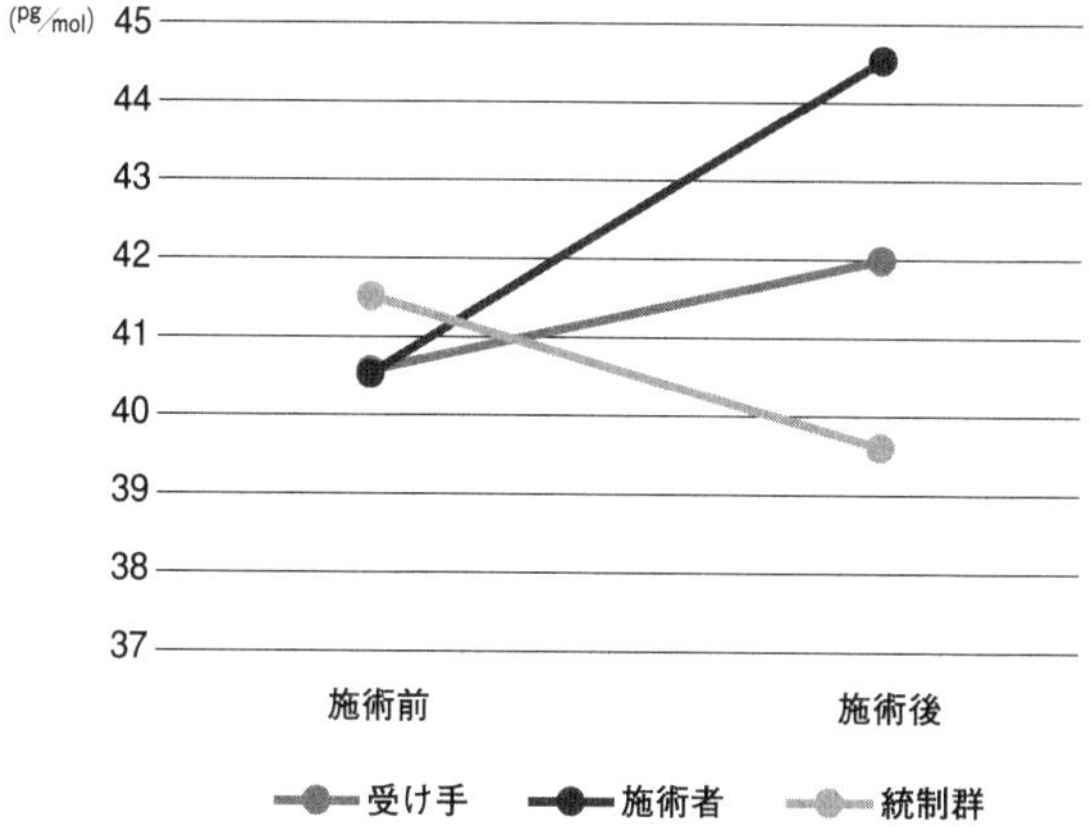

触れる施術をすることは、触れる人自身にとってもよい効果があるのだ。

これは単に触覚刺激がオキシトシンを高め、ストレスホルモンを低下させたということではない。むしろ相手を思いやるような「心」がとても大事だといえる。「ここが気持ちよいだろうか」「苦痛を減らしてあげよう」というような思いやりのある心を持ちながら触れることで、施術者の境界が拓かれ、その結果として触れる人自身へのメリットが出てくるわけだ。

さらに興味深いことに、もともとオキシトシンレベルが高い人に施術された人は、オキシトシンの上昇が大きくなることもわかった。

この結果のように、オキシトシンや自律神経の働きといったものは、施術する者とされる者で、それらの働きが同調してくることが知られている。

いったい、なぜだろうか。

まさかオキシトシンが皮膚を通じて相手に染み込んでいくとか、エネルギーが相手に伝わるといった可能性はないであろうが、第1章で述べたように、触れることで体温が同調してくるといったことはあるだろう。さらにはミラーニューロンの働きで、相手と顔を合わせるだけで表情が同調するといったこともある。その結果、脳内の血流が変化し同調して、自律神経やホルモンも同調するといった可能性もある。

いずれにしても、これは境界感覚が拓かれた相手との間にだけ起こる特別な現象であり、それが互いの心身によい効果をもたらすことは疑いない。

さらにいえば、ここからわかることは、マッサージなどの施術では、触れる人が一方的に施術すればよいというものではない点だ。受け手との間に身体レベルでのコミュニケーションが起こり、心が一つになるようなつながる体験があってこそ、本当の癒しが得られるといえるのではないだろうか。

タクティールケア

特徴

1960年代、スウェーデンで未熟児のケアを担当していた看護師シーヴ・アーデビーやグニッラ・ビルシェスタッドらによって考案された触れるケアである。彼女らは母親に代わって、乳児の小さな体に毎日優しく触れたところ、子どもの体温は安定し、体重の増加が見られるようになったという。そこで彼女らは触れることの有効性を確信し、経験に基づいてこの技法をつくったという。

タクティールとは、ラテン語の「タクティリス（Taktilis）」に由来する言葉で、「触れる」という意味である。手を使って相手の背中や手足を「押す」のではなく、柔らかく包み込むように触れるのが特徴である。

この触れ方というのは、ここまでに紹介したユマニチュードやセラピューティック・ケアでも共通する要素である。

効果

タクティールケアは心地よさや安心感、痛みの軽減効果が検証されている。その根拠と考えられているのが、オキシトシンの分泌である。オキシトシンは脳の中では、リラックスを高めたり、痛みを抑制したりする働きを持つからである。

またオキシトシンはセロトニン神経を活発にするため、不安や抑うつを和らげる効果もある。

認知症の患者に対するタクティールケアの効果については、たとえば行動・心理症状の改善がみられたことが報告されている。また手や腕の筋肉がこわばる拘縮《こうしゅく》の症状が少なくなるといった効果もある。

このように優しく触れていると、スキンシップの効果で相手との境界が拓かれ、相手を受け入れられるようになり、安心してリラックス状態になることから、さまざまな効果につながっているのだろう。

著者も、セラピューティック・ケアやタクティールケアの施術を体験させてもらったことがある。そのとき感じたことは、気持ちよさ、リラックスなどの感情の変化はいうまでもないが、特筆すべきは、30分ほどの時間、じっくりと相手に触れてもらうことで、自尊感情が高まるのを実感したことである。相手が自分を尊重してくれながら、自分のために献身的に尽くしてくれる、といった感覚が、自分はそのような価値のある人間なのだ、という自信にも似た感覚を呼び覚ましてくれるのである。言葉の交流はなくても、身体の深い部分でつながっている感覚が生まれた。それは境界の感覚が拓かれ、「一人ではないんだ」、という意識を生み、すべての人とつながっているといってよいほどの錯覚とともに、深い満足感をもたらしてくれた。

最近、街のいたるところに、簡易的な触れるケアを受けられる場所ができている。そのほとんどは、マッサージチェアなどの器械による癒しの施設ではない。多くの人々が、人の手で触れてもらい、心身を整えることの効果を求めていると同時に、人とのつながりを必要としているのだと思う。それは会話だけでは得られない身体の感覚に根差したもの、つまり自分の存在を認められ尊重される感覚といってもよいものである。それは人間として生きていくのに不可欠なものであり、それさえあれば人は困難があっても、自尊感情を持って生きていけるのだと思う。

触れるケアの施設が増えているというのは、現代の日本人が失ってしまったスキンシップを、このような場所で補っているように思えてならない。

スキンシップの効果が期待される これからの領域

ここまで、境界感覚を拓くやり方とその実際の効果について、三つのケアを紹介してきた。これらはすべての人に心身を整える効果を期待できるが、ここではとりわけその治療・癒し効果が期待できる領域を取り上げ、紹介したい。

ホスピス・緩和ケア

主に末期ガンの患者やさまざまな疾患で苦しんでいる人に対し、温かなケアを施し、余命の短い患者が安らかに過ごせるよう援助するホスピスでは、症状の苦痛を緩和する目的で緩和ケアが行われており、そこでも触れるケアが注目されている。

特に米国ではそのような活動が盛んであり、患者のためだけでなく精神的にもストレスが多い医療スタッフのために触れるケアを導入する病院も増えている。

ホスピスで患者への触れるケアの効果を検証した実験は多く行われており、その効果の多くは、痛みの軽減、それによるモルヒネの使用量の低下、不安の低下、睡眠の改善、ＱＯＬ（人生の質）の上昇、苦悩の低減、心拍や血圧の低下、免疫機能の上昇などである。

ホスピスの患者は、死への不安や恐怖、一人で死んでいく孤独感などに苦しんでいる。そこでスキンシップのケアによって、寄りそって触れてあげるだけで、そのような脅威を減らすことができる。

発達障害者へのケア

自閉症スペクトラム障害（多様なバリエーションを持った自閉症の総称）の症状は、その名が示すように、境界が閉じていることから起こる問題である。

彼らにとってスキンシップケアに効果があるのは、二つのメカニズムによる。

第1は、自閉症スペクトラム障害の人の中には、遺伝的に脳内のオキシトシン分泌量が健常者に比べて少ない人がいるという点だ。

そこで最近では自閉症の人にオキシトシンを投与すると症状が軽くなる効果があることがわかってきた。アメリカでは盛んに研究されているが、日本でも東京大学の研究グループなどがこの研究を進めている。たとえばオキシトシンを鼻に噴霧して吸わせ続けると、主に社会性の症状が軽減されるのだ。

ただし自閉症は脳の単一部位の障害ではなく、広範囲の神経ネットワークの問題が複雑に絡み合っているので、オキシトシンの投与だけで治るわけではないが、症状を軽くすることはできるのである。

一方で、オキシトシンは人工的につくったものを投与しなくても、これまで繰り返し述べてきたように、スキンシップや触れるケアをすることで大量に分泌される。だから、触れ合いを増やすことでも同じように症状が軽くなる。さらに自閉症の子どもにはタッチセラピーのように、定期的に触れるようにすると、同じように症状を軽減することができる。

第2のメカニズムは、第1章で述べたが、皮膚上で温度や痛み、くすぐったさなど、感情と関わる皮膚感覚を感じるC触覚線維の問題である。自閉症の多くが皮膚感覚の問題、すなわち「痛みに過剰に反応する」「温度感覚の異常」「触覚過敏」などの症状があるが、こういった皮膚感覚は、脳では島皮質と前帯状皮質に到達する。

一方で自閉症にとって何より問題なのは、人の心を読み取って理解することや共感することができないことである。脳はミラーニューロンの働きで、相手の行為を見たとき、自分がそれをしているかのように反応する。ミラーニューロンもまた、感情に関わる触覚を感じる島皮質と前帯状皮質にあることがわかっている。

つまり、自閉症の問題のほとんどが、このミラーニューロンシステムの問題であるともいえるのであり、それは皮膚感覚の問題とも共通しているのだ。

そうであれば、自閉症の人に触れるケアなどの皮膚感覚を刺激する施術を行うことで、皮膚感覚に慣れ正常に近づくと同時に、対人関係の問題や感情の問題なども軽減されることは十分にあるだろう。

実際に、西オレゴン大学のルイーザ・シルヴァたちのグループは、自閉症と診断された15人の子どもに対して、触れるケアを週に2回、5週にわたって続けた。施術前には、すべての子どもが感覚の異常のほか情動面や対人関係の問題を抱えていたが、触れるケアを受けたあとには、感覚異常がなくなっただけでなく、情動面と対人関係の問題も軽くなっていたのだ。

触れるとなぜ心が癒されるのか

心理療法としての触れるケアの有効性

スキンシップケアの効果はこのように多岐にわたることが明らかになっている。それでは心理面への効果についてはどうだろうか。

たとえば自閉症スペクトラムや認知症といった問題は、言葉の理解や言葉でのコミュニケーションが難しいことが多いため、心理療法の効果が一般にはあまり出にくい領域であることは確かである。

それではこれまで述べてきた、スキンシップケアの効果があると認められている不安や抑うつ、ストレスなどの癒し効果については、心理療法と比べた場合、その効果の大きさはどうなのだろうか。

英国のキングらの研究グループは、緩和ケア病棟に入院しているガン患者を、アロママッサージと認知療法を受けるグループにランダムに分けた。認知療法とは、患者の考え方を変えることで抑うつの症状を改善していく治療法で、心理療法の一種である。たとえば病気になることで起こったショックへの対処法について教えたり、病気になったことのメリットはあるか、といったことを毎週1回、8週間考えてもらった。アロママッサージを受けるグループも、同じ時間で同じ回数の施術を行った。

その結果、抑うつ気分に対してはやや認知療法の効果が上回ったものの、その他の気分やQOL（人生の質）への効果は、アロママッサージの効果も、認知療法の効果とほぼ同じであった。

どちらも大差ない効果だといえる。

さらにはスキンシップケアの効果を検証した多くの研究から得られた効果量（介入法の効果の大きさを表す数値）の大きさを測定してみたところ、スキンシップケアの効果として最大のものは、不安と抑うつを低下させる効果であり、その効果の大きさは心理療法と同程度だったのである。

介入の頻度を比べてみると、平均すると週に2回、5週間ほどで治療が終わる点ではどちらも同じであったが、心理療法は平均すると1回50分行うのに対して、スキンシップケアは平均すると1回30分であったことを考えると、スキンシップケアの方がより少ない費用と時間で同等の効果が期待できることになる。

心理療法とスキンシップケアで、どちらも不安や抑うつが改善するというのは意外な気がするかもしれない。しかしそのメカニズムは、第1章で述べたように、スキンシップケアがセロトニン神経を賦活《ふかつ》することや、深部体温を下げる効果があること、C触覚線維を刺激することで自律神経が調整され自然治癒力が高まるといった効果が考えられる。あるいは、ただ寄りそうだけでも、困難にともに立ち向かうエネルギーが増え、積極的に治療に取り組むようになったのかもしれない。

触れるケアは長く続けるほど効果的

前述のように、スキンシップケアは続けているとそれだけ効果が高まっていくことがうかがえる。これには意外に思う方も多いだろう。マッサージなどの効果はこれまで短期的なものであって、一時のリラックス効果や痛みの軽減効果は誰もが認めるものの、長期にわたって行ってもその効果は次第に低下していくだろうと思っているのではないか。著者自身もそのように思っていた。

しかし痛みの緩和については、長期的な効果があることがわかってきた。

前出のオキシトシン研究で有名なスウェーデンのモヴェリたちの研究グループは、ラットの後肢（後ろ足）に痛みを与え、後肢を引っ込めるまでの時間を測定した。痛みを強く感じるほど、すぐに引っ込めるわけだ。

このとき、ラットの背中を人間の手で軽く触れると、それをしないラットと比べて、引っ込めるまでの時間が長かった。そして、中脳の中心灰白質《かいはくしつ》でオキシトシンの分泌量が増えていた。この部分は、体に痛みがあるとその感覚を抑制する作用をもたらす部位である。

試しに、中心灰白質にオキシトシンを注入しても同じく後肢を引っ込めるまでの時間が長くなったことからも、脳で痛みを抑える働きがオキシトシンの影響であることが明らかとなった。

さて1回のスキンシップケアを受けたラットは、受けなかったラットに比べて、後肢を引っ込めるまでの時間が長くなった。しかも興味深いことに、このような効果は、スキンシップケアをし続けると、ますます大きくなっていったのだ。スキンシップケアを続けることで、スキンシップケアを受けて痛みが減る量は大きくなっただけでなく、普段から感じる痛みの程度自体も小さくなっていったのだ。

この結果は、普段からスキンシップが多い夫婦は、オキシトシンの分泌量が多く、血圧が低くストレスが小さいという米国のキャサリン・ライトたちの研究結果とも一致している。

普段から触れ続けることが、オキシトシン効果を大きくするのである。

たった1回の触れるケアでもOK

触れることのパワーを証明するエピソードを一つ紹介したい。

北海道でベビーマッサージ教室を開いている魚岸さんから聞いた話だ。

魚岸さんの息子さんが、学校を卒業して北陸の旅館に就職することに決まったという。修行のため5年間は自宅に帰らない、と断言していたため、寂しくて仕方なかったそうだ。出発の前日、何かしてあげようということで、旦那さんと二人で、息子の背中にオイルを塗って励ましながら丁寧にマッサージをしてあげたという。

1年後、息子さんに招待されて勤めている旅館に旦那さんと泊まりに行って息子さんにようやく会うことができた。そこで息子さんが言ったことである。

仕事は辛くて寂しくて、毎日布団で泣いていた。でも出発する前日にお父さんとお母さんにマッサージしてもらった温かい感覚を思い出すことで、頑張ってこれたんだ。

触れるパワーは絶大である。

もしも出発の前日にマッサージをせずに、メールやSNSだけで励ましたとしたら、どうだっただろうか。それだけで息子さんは大きく成長できただろうか。

たった1回でも、背中は優しく触れられた感触を覚えていたのだ。

息子さんは背中の温もりをしっかりと思い出すことで、あたかも両親が自分のそばにいて励ましてくれているように感じることができ、それによって大きく成長したのではないだろうか。

触れてしっかりと境界が拓かれた関係にあれば、その後たとえ触れられなくても、そばにいなくても、その効果は時と空間を超えて続く。

人間関係を改善する皮膚コミュニケーション

最後に、触れることで情動が伝わるかという、興味深い実験を紹介しよう。

米国の心理学者マシュー・ハーテンスタインたちは、7種類の情動（怒り、恐怖、幸福、悲しみ、不快、愛、感謝）が、「触れる」ことで相手にどの程度正確に伝わるか確かめる実験を行った。これらの情動の種類は、顔の表情の研究でよく使われるものである。つまり顔の表情によって自分の情動を伝える方法と、「触れる」という表現方法では、どちらがより正確に伝わるか比較したのだ。

するとどの情動を解読する正答率も、50〜70％であり、この数値は表情の解読率に匹敵するものだった。

たとえば、「愛」を伝える場合、6割の人は「ハグ」をし、「感謝」を伝えるときは、

5割の人は「握手」をし、「悲しみ」は3割の人が「手を動かさずにただ触れる」といった具合に触れ方を変えたが、このような方法によって情動が伝わるのである。

人の情動のコミュニケーションというと真っ先に顔の表情を思い浮かべる人は多いだろう。しかし触れることは表情と同じくらい雄弁に情動を表出し、かつその情動を解読できることがわかったのだ。

皮膚はまさに情動の伝達という精緻なコミュニケーションをしているのである。

ここまで、人との境界感覚を拓くやり方を紹介してきた。そこに共通する内容は、寄りそい、触れるというスキンシップであり、さらにそれを構成する要素（メソッド）は、ユマニチュードの柱でもある、「見る」「話す」「触れる」というコミュニケーションであることがわかった。近い距離でじかに会ってするコミュニケーションは、これらの要素が相互に働いて相乗効果を生み出し、相手との境界感覚を拓く作用を発揮するからこそ価値があるのだ。

これら三つのメソッドというのは、あらゆる人間関係にとって有効だ。今の世の中は、親子と友人、夫婦以外のあらゆる人間関係で触れなくなった。職場でも教育現場でも、セクハラやパワハラになることを恐れて触れなくなってしまった。もちろん、触れられる側の「触れたくない気持ち」を守ることが大切なのは言うまでもない。しかし「触れる―触れられる」行為だけを切り取って、「触れたら」即、セクハラだ、という短絡的な考えにすり替わってはいないだろうか。

そうではなく、三つのメソッドを束で考えることが大事であろう。つまり「触れる」前提として、「見る」「話す」ということがきちんとできていれば、それは境界を拓いたことに他ならないのであり、その上で相手の気持ちを大切にして「触れる」のであればあまり問題になることはなく、むしろさらによい関係を築くことができると思う。

最後に、三つのメソッドで子どもに関わることの大切さについて述べておこう。

著者は仕事柄、愛着障害に悩む人の相談を受けることがあるが、たとえば自分の子どもに触れることができないといった悩みを抱えている方によくお会いする。「触れる感触自体に嫌悪感を覚える」という人もいる。よくよく話を聞いてみると、その人自身も子どもの頃に、自分の母親に触れてもらえなかったといった連鎖があることがほとんどである。

そのような人でも心配はない。その他の二つの要素である、子どもを「見る」ことや「話す」ことができれば、子どもの尊厳を保つことはできる。もしも「無理してでも触れた方がよい」というようなアドバイスをしたとしたら、それこそ触れることで自分の嫌悪感が子どもに伝わってしまう危険がある。子どもはそちらの方を母親の本心であると感じるだろう。

しかしそうではなく、まずは子どもに一歩近づいて、子どものそばにいるだけで十分だ。それに慣れてきたら、「見つめて」「話しかける」というスキンシップケアに基づいた接し方をしてみよう。そのうちに、子どもへの境界の感覚は徐々に拓いていくだろう。そしてこれを続けているうちに、子どもを受け入れられるように感じてきたら、触れることを意識していくとよいだろう。ただしいきなりハグのような触れ方はできないだろうし、すべきではない。まだ小学生以下の子どもであれば、触れることを意識させないように、遊びの中で自然に触れるようにするとよいだろう。たとえば昔からの遊びである「ずいずいずっころばし」「一本橋こちょこちょ」などの手遊びや小学生であれば、トランプで負けたらシッペやデコピンでもよいし、トランプの「豚のしっぽ」のように自然と手と手が触れ合うような遊びも楽しめる。互いに距離が近づいて楽しく会話しながら触れ合うのは、両者にとって境界を拓く絶好の機会となるであろう。

思春期の子どもであっても、マッサージや指圧などのスキンシップケアは有効だ。著者の中学1年生の娘は、思春期に入って父親の私とも以前のようには話したりしなくなってしまった。言葉でいろいろと聞いても、「べつに」とかそっけない返事しかしないようになった。まさに自分から境界を閉じているのがわかった。

そこで私は一つ提案をしてみた。お父さんは今日指圧を習ってきたのだけど、練習台になってくれないか、と言ってみた。するとしぶしぶ「いいよ」と言って横に寝そべってくれた。こうなればこちらのものだ。最初はくすぐったい、などと笑っているだけだったが、背中を少しずつ「ここはどうだ？」などと言いながら押したりゆっくり触れたりしているうちに、「そこそこ、気持ちいい」といった反応が出てきた。しばらくすると、娘の方からいろいろ話をしてくれるようになった。終わろうとすると、「もう終わっちゃうの？　もっと」などと催促するようにもなり、次の日も次の日も自分からソファに寝そべっては指圧を求めるようになった。思春期になって反抗することはありながらも、距離はぐっと近づいて境界が拓かれているため、大切なメッセージは皮膚を通じて届いていると確信している。

「あなたはかけがえのない存在だ。どんなことがあろうと愛し支えているよ」

第4章

皮膚を拓いて、元気な自分を取り戻す

皮膚を拓いてつながりを拓く

これまで、人との境界の感覚を拓くことは、困難な状況にあっても立ち向かうエネルギーや勇気をもらえたり、自尊感情を高めたり、安定した愛着の絆をつくるなどの効果があることを紹介してきた。そのために人との関わりの中で、皮膚感覚を拓くためのメソッドである、「見る」「話す」「触れる」といったスキンシップケアの実際についてみてきた。

この章では、境界の感覚をさらに拓くために日常で誰でもできる、自分一人でできるメソッドを紹介していきたい。自分一人でできるというのは、心の持ち方一つで他者との間につくっている境界感覚を拓くことができるからでもある。もちろん、他者との関係の中で境界を拓くことができるのが重要である。ただし、誰でも状況によっては直接的にスキンシップケアができないこともある。そのような場合でも、日常のちょっとした行動や心の持ち方だけでも境界感覚は拓かれるのだ。境界感覚を拓くことができれば、たとえ悩みそのものは解決しなくても、悩みを抱えながら生きる自分を肯定して受け入れることができたり、悩みを抱えながら生きることをよしとしたりするようなポジティブな気持ちが生まれてくるだろう。

笑うこと

笑うことは、境界を拓くための手軽な手段である。「破顔（一笑）」といえば、笑うことを指すが、笑うと他者との境界が破れて空気が変わるような感覚を持つことからきているのだろう。

まずはたとえ楽しくなくても、笑顔をつくるだけでもよいといわれる。「情動の顔面フィードバック説」を提唱した米国の心理学者シルバン・トムキンスは、私たちが表情をつくる目的は、情動を表出するためではなく、むしろ情動をつくり出すことだと主張している。

トムキンスはまず、実験参加者にある漫画を読んでもらい、それがどのくらい面白かったのか評価してもらった。図18左のように読むときペンを歯でくわえてもらうグループと、右のように唇でくわえてもらうグループに分けてみる。

図18　笑顔をつくると楽しくなる

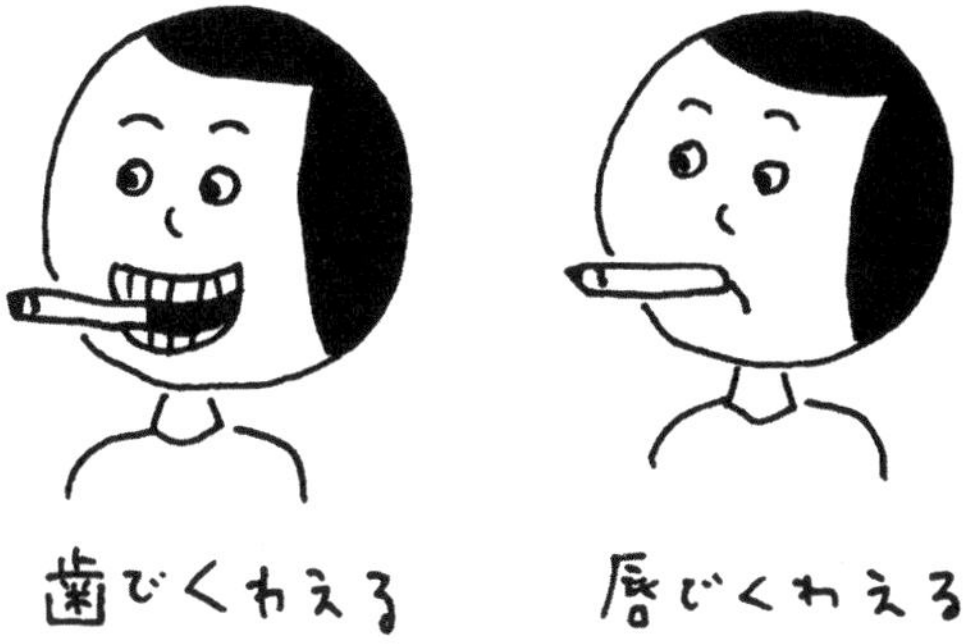

それぞれの条件で読んだ漫画の評価を比べてみると、歯でペンをくわえてもらうグループの方が、漫画をより面白いと評価することがわかった。歯でペンをくわえた人は、自分でも気づかないうちに笑顔をつくっていたことになる。笑顔で漫画を読んだ方が、より楽しい気分になり漫画を面白いと評価したということなのだ。

このことから、笑顔をつくることによって、快適な気持ちが生まれることがわかるだろう。

そのメカニズムであるが、笑顔をつくると、脳に供給する血液の温度上昇を抑える働きをしている「海綿静脈洞《かいめんじょうみゃくどう》」の血流や温度が変化する。脳内の温度の変化は、神経伝達物質の分泌や合成に影響を及ぼし、特に快・不快の感情に深く関わってくる。そこで笑顔をつくると脳内の温度が下がり、快適な気分が生まれるというわけだ。

一人でいるときも笑顔をつくるだけで境界が拓かれ、開放的な気分になる。さらに人と接するときは、笑顔を見た相手もミラーニューロンの働きによって笑顔になる。こうして相手も快適な気分が生まれ、互いの境界が拓かれることになり、そこに緊密な心の交流が始まる。

それでは、普段笑顔でいるとどんな影響が出てくるのか、みていこう。

卒業写真で笑顔の人は幸福になる

米国の心理学者、リーアン・ハーカーたちが発表した研究はとてもユニークだ。まず1958年にミルズカレッジ（女子短大）の卒業生たちの卒業写真を分析して、それぞれの女性の顔写真にどのくらい強く笑顔が現れているか調べた。そして各々の人の卒業後の人生の軌跡を追跡調査していったのだ。調査は彼女らが21歳、27歳、43歳、

52歳の時点の計４回にわたって行った。その結果、卒業写真の笑顔が強かった人ほど、将来のポジティブな情緒性がより強く、ネガティブな情緒性は低く、社会的な能力が高いことがわかった。さらにそのような女性は27歳までに結婚する傾向が高く、結婚後も結婚生活の満足度が高く、全般的な幸福度も高いことがわかった。

また離婚した女性は離婚していない女性よりも、卒業写真であまり笑顔で写っていないこともわかった。

しかもこのような傾向は卒業写真の表情に限ったことではないという。米国の心理学者マシュー・ハーテンスタインは、ランダムに募集した住民に、「５歳から22歳までの自分が写っている写真を８枚まで持ってきてください」という依頼をした。それぞれの人が持ってきた写真は、たとえば学校の友達との写真や、結婚式の写真、家族との写真などさまざまだった。そしてそこに映っている顔の表情について分析した。すると、子どもの頃の写真があまり笑顔で写っていない人ほど、離婚を経験している確率が高いことがわかった。

子どもの頃の笑顔と、将来の離婚やポジティブな情緒性との関係はどのように考えたらよいだろうか。まず第１に、笑顔でいる人は普段からポジティブな情緒性が高いために、境界が拓かれており、人とオープンで親密な関係を築きやすいことがある。

第2に、ポジティブな情緒性といったものは、ある程度は両親からの遺伝で決まるものである。そしてそのような遺伝子を持つ人は、その遺伝子を開花させるような環境を好み、それは自分と似た相手を選ぶことにつながるという考え方もある。いずれにしても、笑顔というのは人との境界感覚を拓き、親密な関係を結ぶための有効な手段だといえそうだ。

子どもの笑顔は温かいタッチから

ではどうしたら笑顔でいることができるだろうか。

米国の心理学者ジャクリン・スペリングたちは、幼稚園の子どもたちの集合写真（〝チーズ〟の合図で笑顔で撮影したもの）に写っている一人ひとりの笑顔の強さを測る一方で、それぞれの子どもたちの家族写真を持ってきてもらい、そこに写っている家族とのタッチ（ハグ、手をつなぐ、肩に腕をまわすなど）の温かさについて評定し、これらの関係について分析した。研究の結果、これらの二つの指標の間では、かなり高い相関関係があることがわかった。つまり、家庭で温かいタッチを受けている子どもというのは、幼稚園でも笑顔でいるということだ。また家庭の母親の写真の表情（笑顔で写っているかどうか）と、幼稚園の子どもの表情の間にも相関がみられた。

第1章で述べたが、人に触れることは心を温かくし、それは人との境界を拓き、温かな人間関係を築く基礎になるのだ。

心を開くこと

人生の道程には、うれしいこともあれば、辛いこともある。特に辛い思いをしたり怒りを感じたりといったネガティブな気持ちのとき、あなたはどうするだろうか。

これまでの多くの研究は、ネガティブな経験を自分の心に抑え込んでしまうのではなく、その経験を他者に向かって開示することが、心身にとてもよい効果があることを証明している。開示、すなわち心を開くやり方として、「語る」方法と「書く」方法がある。

まずは「語る」効果についてみていこう。

人に語ることの意味

人に自分の体験を語ることとは、直接的に自分の境界を拓くことになる。

ただし語るためには、当然のことながら聞いてくれる相手が必要である。そのため相手の反応次第では、逆に境界を閉ざしてしまう可能性もある。

そのようなことを考慮すると、「誰に話すか」といった面も重要である。それは、自分の境遇や苦しさを身をもって体験したことがあり、その苦しさを分かち合ってくれるかどうかという問題に他ならない。

たとえば消防団員を対象にした筑波大学の兪《ゆ》善英の研究によると、消防団員はストレスによる心の傷を受けやすいが、それを家族などに話すと否定的な反応が返ってくるリスクがあるため、それを避けるために同僚に開示する傾向があるという。そして実際に同僚に開示している人は、精神的健康度が高いこともわかっている。やはり同じストレスを経験している仲間だからこそ境界を拓くことができるのであり、そのような人は自分の苦悩を分かち合ってくれるため、安心して開示することができるのだろう。またこの調査では、家族とは「他愛のない会話」をすることが消防団員の健康度を高めていることもわかった。仕事でストレスによる心の傷を受けたとしても、家庭生活では弱みを見せず平常通りでいられることが、精神的に健康でいられるということなのだろう。

ここで注意すべきことは、家族に対しても決して境界を閉ざしてしまってはいけないということだ。家族との境界を閉ざしてしまったとしたら、その人は家庭で安息を得ることができず、健康度は低下してしまうことだろう。

また、スウェーデンの緩和ケア研究をしているセシリア・ハカンソンたちは、過敏性腸症候群の患者同士のグループをつくり、お互いに悩んでいる症状や身体の状態などを5日間語ってもらい、皆でそれらの情報を共有する取り組みを取り入れた。するとほとんどの参加者は、その語りの場を非常に安全な場であると感じており、境界を拓いて自分のことを語ることができ、かつメンバーの語りを自分のことのように受け入れることができたという。その結果、自分の病気や苦しさについて新たな視点で捉えることができるようになり、日々の幸福感が上がる効果がみられた。

このように、似たような境遇で同じような悩みを抱える人に語ることの効果というのは、単に情報を共有する以上に、語る人と語られた人の間の境界が拓かれ、その結果として強い情緒的な結びつきがつくられ、人間関係がより深まる効果もある。そうした緊密な人間関係の絆は、自分が困ったときに助けてくれるという安心感を与え、心の傷を治すことにエネルギーを注ぎ込めるようになる効果も期待できる。

次に、境界を拓くもう一つの方法として、「筆記療法」についてみていきたい。こちらは境界を拓く相手の存在は必要ないので、相手の反応など気にせずに、一人でできるメソッドである。

ネガティブな気分を和らげる筆記療法

人はストレスなどの否定的な出来事を経験したとき、それを思い出すとネガティブな気分になるため、意識的あるいは無意識的にそれを思い出さないように抑制しようとする。しかしそれは境界を閉ざすことになってしまう。するとどのようなことが起こるだろうか。

まず境界を閉ざした人の心の中には、それが意識に上ってこないような監視体制がつくられてしまう。すると逆に、監視するためにその思考や感情のことを余計に考えやすくなってしまい、もともとあった負の思考や感情は激しく活性化されてしまうことになる。このように、思い出さないようにすればするほど、余計に思い出して頭の中で活性化してしまうことは、「抑制の逆説的効果」と呼ばれている。こうして抑制することは、問題の解決のために向けるはずのエネルギーを浪費してしまうことになるのである。

またストレスに満ちた体験というのは、それはまさに自分が体験したことだと受け入れ、自己の中に統合されるまで、意識に侵入し続けるといわれている。しかし、その記憶を思い出すとネガティブな気分になるためにずっと抑制されるが、その結果として統合がなかなか進まず、その記憶は長期にわたって断片的に存在し続けることになる。

このように、自己の境界を閉ざしてその内に閉じ込めようとすると、せっかくのエネルギーを浪費し続けることになり、その記憶はかえっていつまでも断片的に心に侵入し続け、回復は大幅に遅れてしまう。

そこに境界を拓いて他者に開示することの意味がある。しかし前述のように、実際にネガティブな出来事を他者に開示することには、強い抵抗があることが多い。そこで考え出されたのが筆記療法である。

筆記療法では、普段抑制されているネガティブな出来事について、1日に20分間、4日間連続で書いてもらう。どのようなことに焦点を当てて書いても構わない。

こうして抑制している出来事について、集中的に書くことで抑制が解かれ、抑制のためのエネルギーの消費もなくなる。またネガティブな出来事を繰り返し思い出すことで、慣れが生じて、思い出すことが苦痛でなくなってくる。するとその記憶について考えることが容易になり、じっくりと評価しなおすことができるようになることで、自己の中への統合が促進されるのである。

筆記療法では、書く内容も相手も自由に設定できる。たとえば、ストレスのあった出来事を書いてもらうにしても、そこから得られた肯定的な側面に焦点を当てて書いてもらう方法もある。「友人が自分と同じようなネガティブな出来事を体験したとしたら、自分が友人に伝えたくなるような言葉や思いやり、優しさ、心配などを伝える言葉を書く」という「思いやり筆記」をすることで、ネガティブな気分が少ないまま、同等の効果が得られたとの報告もある。

自分自身の無意識の心との境界を拓くこともまた、自己の心身を癒すエネルギーになるのだ。

皮膚を共振させること

第2章では、ティム・インゴルドの提唱した2種類の境界の特性について述べた。「剛体」としての境界は、大地、大気の各々が確固とした境界に区切られ、独立して存在している、いわば各々の境界が閉じている状態である。それに対して「流体」としての境界は、各々が流動的に変動し、互いに影響を与え合う、いわば境界が拓いている状態である。

このような境界のあり方を基に、次の例について考えてみたい。

たとえばうつ病の母親の身体は、そうでない母親よりも硬直しており、子どもの動きや泣き声などのサインに対して、反応することが少ないことがわかっている。またそのような母親は、実際にわが子に触れる頻度が少なく、子どもへの触れ方には力が入り、柔らかく優しい触れ方ができにくい。その結果として、子どもをあやすことが下手であるという。すると子どもの方は、泣いても容易にあやされないことになる。

このような母親にどんな援助が考えられるだろうか。二つ考えてみる。

①あやすのはスキルであるから、スキルを教える

これは母子の境界を「剛体」として捉えた考え方であり、母と子を独立した存在として捉え、母親の方に対処法であるスキルを教える方法だといえる。この方法でももちろんある程度は効果がある。しかし実際に泣いている赤ん坊の欲求は状況によっても異なるため、細部の違いまで考慮したスキルを訓練するとなると、無限にスキルを覚えなければならなくなる。また、泣いている赤ん坊のサインを解釈するには、マニュアルで覚えて対応しても限界がある。頭で覚えてそれを解決することは、ある程度は可能であっても根本的な解決にはつながらない。

②母親にスキンシップケアをし、赤ん坊を感じさせる

これは母子の境界を「流体」として捉えた方法である。母親が境界の感覚を閉ざしている場合、母親自身が過去に虐待を受けた経験を持っている可能性がある。そうだとすれば、まずは母親をしっかりと抱きしめてあげるなどのスキンシップケアをすることで、母親の心の傷を癒してあげるのがよいと思う。そうすれば母親の境界感覚が徐々に拓いてくる。すると知識として教えなくても子どものサインに敏感に反応できる鋭敏な皮膚感覚を持てるようになるだろう。流体としての皮膚は、それだけ多くの感覚を知覚することができるのだ。

実際の研究でも、母親にマッサージをすることで、子どもに触れる頻度が増え、母親のストレスホルモンのコルチゾールも減少する一方で、子どもも情緒的に安定し、社会性が高まるといった効果があることが証明されている。

この例は母子関係に限らない。すべての人間関係に共通していえることだと思う。人と人が境界を拓いてつながるためには、「流体」のように柔軟な境界が必要であろう。相手と対面して「見て」「話し」「触れる」といったことを通じて、境界で起こる現象を感じられることが大切である。皮膚を通して相手を感じると、それに自分の身体が反応してホルモンや自律神経などの変化が起こる。するとそれに相手の身体が反応する。こうして互いの身体が共振することでコミュニケーションが深まってゆく。

マッサージからみる共振

マッサージも同じである。マッサージを受けるのは、どのような施術者でもよいわけではない。前述のように施術者と受け手との間に身体的な共振が起こり、身体レベルでの交流を起こしてくれるような施術者に触れてもらうことで、初めて効果が期待できる。

そのような意味で、単に技術が優れている施術者がよいということにはならない。受け手の境界を拓き、深い部分で身体を共振させ、その結果として心の変化も起こしてくれるのが本物のマッサージ師だと思う。だから本当の意味で腕のある施術者は、優れた心理カウンセラーであるといえる。

それはあたかも、赤ん坊が母親の身体を、しがみつくことができ、体温を温めてくれて、両手で抱きしめてくれるものとして認識するのと似ている。他者に対して、境界を拓くことができず、他者の身体に対しても、「近づきたくない」「触れたくない」というような、不安定な愛着を持っている人でも、本物の施術者に触れられているうちに、身体レベルの共振が起こるようになる。そしてそれは温かい心の交流を生み、不安定だった愛着関係も、安定したものに変化していくだろう。

もう一つ、見逃してはならない視点がある。

前述のようにオキシトシンの高い施術者に触れられると、触れられた人のオキシトシンレベルも高まることがわかっている。このようにオキシトシンの分泌量が多く、かつエネルギーも強い施術者であればよいが、逆の関係になることもあるという。すなわち、受け手の「悪いもの」が施術者に移ってくるという現象である。受け手が「悪いもの」（それが何かは科学的に突き止められていないが）を持っており、なおかつエネルギーが強い場合に移ってくるのだろう。仮に共振といった現象が、単に神経学的な現象として起こるのだとしたら、それを防ぐ手立ては見込めない。しかし自律神経や運動神経、そしてオキシトシンといったホルモンもすべて、心と無関係に動いているわけではない。施術者の心の持ち方を変えることで、患者から「もらってしまう」ことを防ぐことができる。

具体的にいえば、「間を意識する」、つまり83ページで紹介した「間人主義」の立場で触れるということである。

もしも「集団主義」の立場で触れたとすると、相手との関係を境界で隔てることをせず自己を相手に埋没させてしまうことになる。それは自分ではなく患者の身体だけに意識を集中してしまうことになり、患者の身体に共振して「もらって」しまいやすくなる。逆に「個人主義」のように相手との関係を確固とした境界で隔ててしまい、自分の身体や技だけを意識してしまうと、患者の身体を無視した一方的な施術になってしまう。そこで「間を意識する」ということになる。これは自分と患者の間の「あわい」の空間に意識を向けながらスキンシップケアをすることである。すると触れた手から患者の身体の状態を意識しつつ、それに対する自分の感覚にも同時に注意を向けることで達成できる心の状態である。これを意識できれば、「もらって」しまうことなく共振が起こり、スキンシップケアの効果が深まるだろう。

カップル・親子の共振

次に、日常の身近な人間関係での共振についてみていこう。

米国の心理学者アニック・デブロットは、結婚していないカップルを対象に、各々が頻繁に触れているほど、カップルの精神的健康度が高いことを明らかにした。この研究で興味深いのは、カップルのどちらかが一方的に触れることが精神的な健康度を高めているわけではなく、触れたら触れ返されるという相互の関係性が重要だったのだ。さらにこのような相互性は幸福感とも関係があった。

ただしこの結果の解釈は慎重にならなければならない。つまり「幸福でうまくいっているカップルは互いに触れ合う傾向が高い」という可能性も考えられるからだ。この点を統計的に慎重に分析してみると、そのような因果関係は認められず、「互いに触れ合うことが幸福度を上げている」という因果関係だけが成立していることがわかった。

互いの身体が共振することで、初めて境界の感覚が拓かれる。そしてそれは、精神的健康度や幸福度まで上げる効果があることがわかる。

次に親子関係に話を移すと、親子の身体が共振することが、人生早期の対人関係の基盤を築く役割を果たしていることもわかっている。

米国の数組の親子の家庭におけるコミュニケーションの仕方について分析した研究

では、子どもが笑ったことに対して、親が子どもをハグしたり、触れてあげる行動で返していることがもっとも多いことがわかった。触れなくても、親は子どもの自発的な笑いに対して、笑い返したり、遊んであげたりといったように、ポジティブな反応を返していた。

このような親の反応によって、子どもは境界を拓いて他者とつながることに楽しさを感じるようになり、ポジティブな気持ちを表現するようになっていく。そして母親は子どもの笑顔を見ると、脳内でドーパミンが分泌されて快を感じて子どもに肯定的に反応する。すると子どもはそれに対し、再び肯定的な行動を返す、というような共振が起こるのである。

こうして子どもは境界の感覚が拓かれていき、信頼できる他者の身体と一体化する。これが愛着の絆の本質だろう。

集団の感情を利用する

このような親子の共振によって、人は他者に対しても境界が拓かれていき、他者ともつながっていくことができるようになる。そして他者同士も同じようにつながっていくと、それは集団となる。集団の不思議なところは、まるで一つの生き物であるかのように、集団に一つの感情が生まれてくる点だ。一つの集団を包み込むような新たな境界ができるのである。

米国の心理学者、ジェームズ・ギブソンたちは「個人個人にはいろいろな感情があるが、それは集団の感情の中に没してしまう。集団の中にいる人は一人でいるときよりも、より強い感情を感じるようになる」と述べている。たとえば一本一本のロウソクの灯は小さくても、それが100本集まると、燃え盛る炎のように大きくなるのと同じだ。

だからたとえば一人で悲しみに沈んでいるよりも、葬儀の場のように集団で同じ感情を共有していると、皆が強い悲しみに包まれるようになる。しかし一人ひとりの個人は、同じ感情を共有している集団に身を置くことで、メンバー全員が自分を癒してくれているように感じる効果があるそうだ。こういった現象も、皮膚が集団の心を感じているからこそ、身体レベルで集団の影響を受けているということになる。

このように集団で同じ感情を共有して、一体感が醸し出される場面として、たとえばスポーツの応援団やスポーツチームのメンバーなどの研究がある。スポーツの応援団やメンバーは、チームが勝利をおさめると一体感が強まり、一つの集団としての境界がつくられる。一人ひとりで応援しているよりも、集団で応援した方が、勝利したときのうれしさは何倍にもなるだろう。サッカーなどの応援のためにわざわざパブリックビューイングに出向く目的はそこにあるだろう。

また個々人の気持ちと、自分が属している集団の感情が異なるときは、その人は集団の感情の方に染まるようになるという。

これらのことから考えると、生きづらさを感じたり、孤独に悩んだりしている人というのは、ポジティブな感情を感じられる活動をしているグループに所属するとよいだろう。自分が抑うつ的だったりネガティブな感情を抱いていたりしても、ポジティブな感情の集団に属して境界が拓かれると、自分の皮膚もそれを感じ取り、身体は集団と共振し集団の感情が身に染みていくように染まっていく。スポーツ観戦でもよいし、趣味のサークルでもよいだろう。ただしSNSなどのネットのグループでは、このようなことは起こらない。皮膚の感覚が抜け落ちてしまうため、境界の感覚が拓かれないのである。

最後に一つ参考になる話を紹介したい。

著者の知り合いのある女性は、思春期の頃からいろいろと悩みがあったという。その悩みを気にしないようにしながら30年近くをやり過ごし、子育ても終わった50歳になったとき、友人に誘われてふと京都の寺で開催された瞑想に参加したそうだ。その瞑想は、1日10時間もの時間を、5日間、10人ほどの人たちと一緒に毎日座り続けるものだったそうだ。瞑想を続けたある日、自分の悩んでいたことが怒濤《どとう》のように蘇り、大泣きしてしまったという。不思議なことに、自分が泣きじゃくってそれを人に話すと、聞いた人たちも皆が一緒になって泣いてくれたのだという。そのうち、皆と体が一つにつながってくるような不思議な感覚に襲われ、自分は一人じゃない、皆がいつも寄りそってくれているんだ、と心から思えるようになったのだそうだ。その体験をしたあとは、自宅に戻っても安定して、その後もずっと悩みはすっきりと解消されたのだという。

集団で瞑想を行ったからこそ、集団の力によってそのような変化が起こったのだといえる。

またその女性は、瞑想を続けているうちに、多くの人に対して感謝の気持ちがふつふつと湧いてきたという。夫や子どもへの感謝、生んでくれた母親、父親、支えてくれた人々、そしてすべての人に心から感謝したい、という気持ちが広がっていったそうだ。

感謝することは、境界をつくっていた相手や事柄に対して、その境界を自ら拓き、心に受け入れることだといえるだろう。

次に、ここで話題にした感謝することの効果や、どうしたら感謝の気持ちを持つことができるのかみていこう。

感謝すること

感謝とは、そもそもどのようなことを表す言葉なのだろうか。

まず「感」であるが、これは外部のものに触れて心が動くことをいう。人は境界を閉ざして何もせずにいると、なんにも感じないということだ。

次に「謝」という文字は「言」という字と「射る」という文字でできている。これは「言葉を射る」＝「言葉を発する」ということで、相手に何かしらの意思を言葉で伝えるという意味である。つまり「感謝」とは「相手に対して心が強く動き、そのありがたいという気持ちを言葉にして伝えること」だといえる。


著者が通う大学では、最寄駅からスクールバスを使う。毎日、大勢の大学生が利用しているが、感心することに、降車時にほとんどの学生が運転手に「ありがとうございました」と言うのである。古くから本学に勤めている教員に聞くと、その習慣は誰が教えたわけでもなく、学生自らが始めた伝統らしい。学生の真似をして礼を述べると、なぜかすがすがしく心温まる気持ちになるのは著者だけではないだろう。

資本主義社会の下では、人は金銭を対価として払うのだから、サービスを受けるのが当たり前だという感覚を持ってしまう。だからバスで目的地に運んでもらうのは、金銭を支払っている以上、当然の権利ではある。それは契約関係である。しかしそれを権利と義務の契約関係だけで理解してしまうとすると、境界を閉ざしたままのドライな関係しか成立しない。

「契約関係」とはいわば、閉じた境界を持つ者同士の間で交わす約束事である。一方、そのようなことにでも感謝することは、その2者の間の境界を拓いて、相手を自分の境界内に受け入れることだと思う。するとそこには、温かい感情の交流が生まれる。

つまり「感謝する」という行為は、境界を拓いてそれを受け入れ、「ありがたい」という気持ちに変える簡単な方法である。


ではどうすれば感謝の心を持てるようになれるのか、研究を基に紹介しよう。

米国の心理学者ロバート・エモンズの研究では、一日の終わりに、その日にあった出来事を感謝して思い出して数えるだけで、肯定的な気分を強める効果があることがわかった。特に感謝の場面を「味わうこと」には格別な効果があり、ストレスがあった場面でも、それに対処する機能を持ち、肯定的な気分をより強めてくれる効果があった。

だから感謝する数は少なくても、じっくりと感謝の気持ちを味わうことで、より感謝の効果が助長されるようである。

では、どのようなことに感謝の気持ちを持つようにするとよいのだろうか。

台湾の心理学者リン・チン＝チェは、一つのことだけに感謝をするのではなく、いろいろなことに対して感謝の気持ちを持つようにすることが、人生の満足感を高めることを明らかにしている。たとえば「身の回りの親しい人たちへの感謝」や、「天の恵みに対する感謝」も非常に効果的である。

日本人が「間人主義」という価値観を持っていることを考えると、特に人に感謝することがもっとも効果があるといえるだろう。

さらに感謝することは心臓病によい効果をもたらすこともわかっている。

一般に心臓に悪影響を及ぼすのは、他者への怒りや敵意を持つことだが、それは相手を心から締め出し、相手との境界を強固にすることでもある。その逆に、人は感謝することで親密な気持ちが高まり、身体にもオキシトシンが分泌される。オキシトシンは心臓にもよい効果をもたらして、血圧を下げたり心拍を緩やかにしてくれる。心臓病への効果は感謝の気持ちから生まれるオキシトシンの効果なのだ。

それでは、具体的に誰でもできる感謝の方法の具体例をみていこう。

まずは親に境界を拓いて感謝をしてみよう。できるだけあるがままを受け入れるようにしたい。イメージでも構わない。親が自分の境界の中に入ってきて、自分の隣に座っているのをイメージしてみよう。親が自分にしてくれたいろいろなことを思い出してみよう。そして心の中で感謝の気持ちを伝えてみよう。それだけで「生んでくれてありがとう。育ててくれてありがとう」という気持ちが湧いてくるに違いない。

さらには、実際に感謝の手紙を書いてみるのも効果がある。著者の実験では、感謝の手紙を書くだけで、オキシトシンの分泌が高まることが確認されている。

親切にすること

感謝することと、人に親切にすることは、密接なつながりがある。研究によると、何にでも感謝する傾向が高い人は、他者のために親切な行動をすることが多いという。人に親切にすることで、その相手から感謝されるようになり、相手はそのお礼として自分に親切にするようになる結果、感謝することも多くなるのかもしれない。いずれにしても、人に親切にすることも、相手との境界を拓いて受け入れる行為であるため、互いに似ている行為だといえる。

たとえば、日本人を対象に実験をした心理学者の北村瑞穂によると、1週間の間、人に親切な行為をした回数を日誌に記録してもらうと、実際に親切な行為を行う回数が増え、その結果、幸福感も高まることがわかっている。

このようなやり方は、心理学ではセルフモニタリングと呼ばれている。これは目標とする行為を実際にした回数を毎日記録してもらうことで、その行為に対する注目度が高まり、その結果、目標とする行為が自然に増えていくというものだ。特に体重を毎日記録するだけでダイエット効果があり、体重が低下していくとか、たばこを吸った本数を記録するだけで、禁煙効果があるとされている。

同じことが親切な行為にも当てはまる。たとえば友人の宿題を手伝ってあげるとか、ドアを次に来る人のために開けておいてあげる、といった行為をするだけで、人との境界が拓かれ、相手に感謝され気分もよく幸福感も感じるため、さらに人に親切にするようになる、といったポジティブな循環ができあがるからだ。

では、先にあげた「感謝する」のと「親切にする」のとでは、どちらが境界を拓き幸福感を感じる効果がより高いのだろうか。

この点について調べたオランダの心理学者エルセ・オウウェニールたちは、まず大学生をランダムに二つのグループに分けた。「感謝の手紙グループ」には、1週間の間、毎日身近な人への感謝の気持ちを綴ってもらった。このとき月曜日は幼少期のこと、火曜日は小学校時代のことについて、というように時期を区切ってもらった。

もう一つの「親切な行為グループ」には、1日に五つ人に親切な行為をしてもらうように依頼し、「何をしたか」「相手の反応はどうだったか」などについて毎晩書いてもらうようにした。どちらのグループも、毎日のポジティブな感情やネガティブな感情、勉強する時間を記録してもらった。

すするとどちらも境界が拓かれ、幸福感や満足感などのポジティブな感情が高まる点では効果は同じだった。しかし「感謝の手紙グループ」は、感謝の手紙を書いてもらっている1週間は確かにその効果はあったのだが、手紙を書く期間が終了すると、その効果はなくなってしまった。それに対して「親切な行為グループ」は、行為終了後1週間もポジティブな感情が続き、逆にネガティブな感情は低下した結果、勉強時間まで長くなっていたのだ。

実際に体を動かしてじかに相手と会って相手を皮膚で感じる方が、より境界が拓かれ、ポジティブな効果があるのだろう。

だからもしも感謝の手紙を書くだけでなく、相手と直接会って手紙を読むというようなやり方をすれば、さらなる効果が期待できるだろう。

許すこと

許すことの効果

「忘れたいのに忘れられない」「10年以上前のことなのに、今でもそのことを思い出すとイライラして腹が立つ」。そのような経験がある人は多いのではないか。

もちろん誰かに嫌なことをされたとしたら、それをすぐに許すことなどできないだろう。しかし大事なことは、許すことは相手のためではなく、自分のためだということである。嫌な経験をしたら、当然腹が立ったり落ち込んだりしてしまうだろう。それは自分の尊厳を傷つけられたのだから、仕方がないことではある。ただし問題になるのは、許せないというネガティブな感情を長い間抱えてしまうことだ。それは人生の重荷を自ら背負ってしまうことになるからだ。だから相手のためではなく、自分のために許すという発想を持つことが大事だといえる。

許すということは、必ずしも仲直りや、和解するということではない。和解したのであれば、許すことはできるだろう。しかし和解や仲直りをしなくても、許すことはできる。仲直りや和解には、双方の歩み寄りが必要だが、許しは自分自身の心の持ち方なのだ。

境界という視点から考えると、許すことは頑なに閉ざしていた境界を拓いて、相手を自己の境界の中に迎え入れることだ。「心の中の蟠《わだかま》りが氷解した」などの表現は、境界が解けた状態を言うのだろう。

研究によると、許すことには、次の二つの効果があるとされる。

第1に人は相手を許したとき、抑うつや不安や怒りといったネガティブな感情が減少することがわかっている。

夫婦間でも、たとえ相手に裏切られる経験をしたとしても、相手を深いレベルで許せた夫婦というのは、互いの関係の満足感が高まり、育児をするための絆が強まったという研究もある。

ずっと許すことができなかった人を許すことは、互いの関係をよりよいものにする効果さえ期待できるのだ。

また、かつて葛藤があったが、それを許した相手と一緒に目の前の坂の傾斜を推測すると、その傾斜を緩やかだと判断するという実験結果もある。したがって相手を許すことは、境界を拓いた結果、相手の身体を自己のものとして感じられるようになり、一体感さえ出てくることがわかる。

第2にこのようなポジティブな影響があるため、相手を許すと身体的にもよい効果が出てくる。たとえば血液中の白血球の数が増加したり、血圧や心拍を下げ、心臓病を予防する効果も認められている。

怒りや葛藤を持っている相手に対して、自分の境界を拓いてその中に受け入れる、ということは容易ではないかもしれない。そこでそのための方法として、ロールレタリング「Role Lettering（役割交換書簡法）、以下RL」というメソッドを紹介したい。少しずつでも相手を境界内に受け入れることができれば、必ずや抑圧していた怒りや葛藤が小さくなり、その結果自分自身が楽になり、そして身体も健康を回復していくことだろう。

相手の立場に立つ

相手を許すためには、相手の立場に立ってその出来事を見つめることが役に立つ。「なぜあのように言ったのか」「なぜ私を傷つけたのか」など相手の立場に立って考えると、今まで思っていたのとは違う見方ができるようになってくる。ロールレタリングはそのための方法として開発された。

RLは簡単にいえば、まずは特定の相手に手紙を書き、今度はそれを受け取った相手になりきって自分に対する返事を書くといったように、一人二役で文通を行う方法である。RLは1983年に少年院の教官だった和田秀隆が、出院間際に突然母親から引き受けを拒否されて荒れ狂う少年に対して、心の安定をはかるため、「少年から母親宛て」「母親の立場に立って自分宛て」の往復書簡を書かせたことに端を発している。

まずは、自分が許しがたいと思っている相手に対して、「自分が言いたいこと」について手紙を書いてみる。このとき、その手紙は出さないことを前提として書く。

次に、相手の立場に立って、今度は「相手になったつもりで自分に言いたいこと」について書いてみるのだ。ロールレタリングは多くの少年院で用いられている。「私からお母さんへ、お母さんから私へ」とか、「私から被害者へ、被害者から私へ」というテーマで、3往復書いて、3ヵ月休んで、また3往復書くなどの方法で用いられている。

なぜこのようなことに効果があるのだろうか。

ホロコーストの生き残りであり、許すことを提唱しているエヴァ・モーゼス・コールも、自分を傷つけた人に手紙を書くことを勧めている。

「紙とペンを用意します。家や自分がくつろげる一人になれる場所で、手紙を書きましょう。私の場合は、手紙を書き終わるのに4ヵ月かかりました。1週間や1日で書き終わる人もいるでしょう。これまで抱えてきた苦痛を、どれくらい早く手放すことができるかによって、かかる時間は違います。「私はあなたを許します」と書けるまでは、手紙を書き終わったことにならない、ということではありません。どんなことを書いてもいいです。その手紙は誰かに出すものではありません。自分宛てなのです」

ＲＬでは自分と重要な他者の間の手紙を介して、相手に自分の内面を投影させて対話を繰り返す過程で、自己の内的な葛藤に向き合うことを促し、思考や感情が明確になっていく。また自己と他者の立場に立つことによって、互いの間に境界線を引いて、その上で両者の交流を活性化させるわけである。いったん相手との境界を明確にしておき、その間を行き来することで、両者の間の境界を拓いていくやり方だともいえる。

またＲＬは最近では子どもにも用いられており、「10年後の自分と現在の自分」とか、「本音の自分と建前の自分」など自由に設定できる。その効果として、不安や抑うつが減少した、自尊感情が高まったなどが確認されている。

以上、境界を拓くことで葛藤や不安をなくし心を楽にし、健康や幸福感を取り戻す方法について紹介してきた。「人に感謝しよう」「相手を許そう」と言われても、実際にはすぐにできるものではないだろう。しかし、相手との間を隔てるために設けた心理的な境界すなわち「心の壁」を意識して、それを拓く方向に一歩踏み出してみよう。

それは決して難しいことではない。ここで提案してきた「笑う」「開示する」「書く」などを実践していると、自身の周りに知らぬうちに築かれていた心の壁が低くなり、ずっと楽に生きることができるだろう。

また、友人関係、親子関係、職場での上司や仲間との関係では、「見る」「話す」「触れる」といった境界を拓くメソッドを実践してみることで、人間関係は大きく変わっていくだろう。それは相手との境界を拓いて尊重することで、「温かい」関係性へと温度を上げることである。そしてそのような関係性は、困難や葛藤に対して向き合い解決するための勇気やエネルギーを与えてくれるものであり、互いに相手のことを慮ることになる。そのような関係性はすなわち幸福感や健康に直接的に寄与してくれるのである。

あとがき

幸福とは何だろうとよく考えることがある。

先日、ＮＨＫ「ハートネットＴＶ」で、とても心を打たれる番組を観た。京都府北部の山あいで暮らす梅木さんというご夫婦の話だ。奥さんは盲ろう者なのだが、夫婦で幸せに暮らしている。

30年ほど前、梅木好彦さんは幸せとは何かと考え、人間は食べることがもっとも大切なことだとの思いから、集団の中での生活から離れて農業で暮らそうと、一人で山奥で自給自足の生活を始めた。みそやしょうゆも自分でつくるなど、誰にも頼らずに生きる理想の暮らしを手に入れた。

しかし、幸せを感じることはできなかった。農業で自給自足の生活をするだけでは幸福感を得られず、「誰かの役に立ちたい」と思うようになったという。

好彦さんは阪神・淡路大震災の直後からボランティアを始めた。

そこで出会ったのが、すでに音と光を失っていた久代さんだった。

好彦さんは自分の世界に閉じこもっていた久代さんの手を取り、散歩や買い物に出かけた。

久代さんを幸せにしたいとの思いから、54歳のとき久代さんと結婚した。

しかし、人間としての幸せを教えてもらったのは好彦さん自身だったという。

幸せについて質問を受けた好彦さんは、こう答えている。

「あとはやっぱり、いてくれるだけでいいっていうのがあるんじゃないですか？　何をした、何をしたっていうんじゃなくて」

ただそばにいてくれるだけでいい。

どんなに不便な生活でも、夫婦でただそばに寄りそい、触手話《しょくしゅわ》で会話しながら、支え―支えられる関係の中で、人は幸福になれることをまさに証明しているようだった。

翻って私たちの生活はどうだろうか。

快適で便利な生活は手にしても、生きづらさを感じてしまうというのは、周囲との境界をいつのまにか閉じてしまい、皮膚の交流が感じられないからではないだろうか。周りの人たちとの境界を拓いて、互いに支え―支えられ、そして皮膚感覚で相手を感じながら生きていくことの大切さを思わずにはいられない。

最後になったが、この本を書くにあたって、たくさんの方々にご協力をいただいた。心と身体は一つであると教える身体心理学の奥深い世界に導いてくださった早稲田大学名誉教授の春木豊先生には、研究の面白さや奥深さ、難しさなどさまざまな側面を教えていただいた。心より感謝申し上げたい。

ユマニチュードについて大変多くのことを教えてくださり、お忙しい中、共同研究もしてくださる本田美和子医師にも、心より感謝したい。

認定NPO法人日本セラピューティック・ケア協会の秋吉美千代氏をはじめ、協会の多くの方にも実験にご協力いただいた。

その他、講演に呼んでくださるベビーマッサージ講師の方々、保育園や幼稚園の園長、鍼灸師や医師、看護師など幅広い分野の方々との交流は、私にとって貴重な財産となっている。

最後に、『手の治癒力』に続いて本書でも編集部の吉田充子さんにお世話になった。いつも読者の代表として実に的確なアドバイスをくださる姿勢には心より感謝している。

平成28年6月

山口　創

引用文献

第1章
Schnall, S. et al. (2008). Social support and the perception of geographical slant. *J Exp Soc Psychol*, 1; 44(5), 1246-1255.

Coan, J.A. et al.(2006). Lending a hand: Social regulation of the neural response to threat. *Psychol Sci*, 1032-1039.

Williams, L. E.& Bargh, J.A. (2008). Experiencing physical warmth promotes interpersonal warmth. *Science*, 322 (5901), 606-607.

Bystrova, K. et al. (2003). Skin-to-skin contact may reduce negative consequences of "the stress of being born"; a study on temperature in newborn infants, subjected to different ward routines in St. Petersburg. *Acta Paediatr*, 92, 320-326.

Feldman, R. & Eidelman, A. (2004). Parent-infant synchrony and the social-emotional development of triplets. *Dev Psychol*, 40(6), 1133-1147.

Ein-do, T. et al. (2015). Sugarcoated isolation: evidence that social avoidance is linked to higher basal glucose levels and higher consumption of glucose. *Front in Psychology*, 62, 492.

第2章
Ingold, T. (2011). *Being Alive. Essays on Movement, Knowledge, Description*. London: Routledge, p.120.

安田登 (2014).『日本人の身体』ちくま新書

濱口惠俊 (1996).『日本型信頼社会の復権－グローバル化する間人主義』東洋経済新報社

Nisbett, R.E. & Miyamoto, Y. (2005). The influence of culture:holistic versus analytic perception. *Trends Cogn Sci*, 9(10), 467-473.

金田一春彦 (1991).『日本語の特質』NHKブックス

谷崎潤一郎 (1995).『陰翳礼讃』中公文庫

北山修 (2005).『共視論－母子像の心理学』講談社選書メチエ

第3章
上田紀行 (1997).『覚醒のネットワーク—こころを深層から癒す』講談社プラスアルファ文庫

本田美和子・マレスコッティ,R. & ジネスト,Y.(2014).『ユマニチュード入門』医学書院

Silva, L. et al. (2007). Improvement in sensory impairment and social interaction in young children with autism following treatment with an original Qigong massage methodology. *The Am J Chin Med*, 35(3), 393-406.

Serfaty, M. et al. (2012). The ToT Study: Helping with Touch or Talk (ToT): a pilot randomised controlled trial to examine the clinical effectiveness of aromatherapy massage versus cognitive behaviour therapy for emotional distress in patients in cancer/palliative care. *Psychooncology*, 21, 563-569.

Lund, I. et al. (2002). Repeated massage-like stimulation induces long-term effects on nociception: contribution of oxytocinergic mechanisms. *Eur J Neurosci*, 16, 330-338.

Hertenstein, M.J. et al. (2009). The communication of emotion via touch. *Emotion*, 9(4),566-573.

第4章

Tomkins, S. S. (1991). *Affect imagery and consciousness. Vol. 3. The Negative Affect. Anger and fear*. New York: Springer.

Harker, L. A. & Keltner, D. (2001). Expressions of positive emotion in women's college yearbook pictures and their relationship to personality and life outcomes across adulthood. *J Pers Soc Psychol*, 80, 112-124.

兪善英ほか(2013).「都市部の消防団員における家族に対するストレス開示抑制態度とソーシャルサポートが精神的健康へ及ぼす影響」『対人社会心理学研究』13, 49-57.

Håkanson, C. et al. (2012). Learning about oneself through others: experiences of a group-based patient education programme about irritable bowel syndrome. *Scand J Caring Sci*, 26, 738-746.

Debrot, A. et al. (2013). Touch as an interpersonal emotion regulation process in couples' daily lives: the mediating role of psychological intimacy. *Pers Soc Psychol Bull*, 25, 1-13.

Lin, C.C. (2014). A higher-order gratitude uniquely predicts subjective well-being: incremental validity above the personality and a single gratitude. *Soc Indic Res*, 119, 909-924.

Ouweneel, E. et al. (2014). On being grateful and kind: results of two randomized controlled trials on study-related emotions and academic engagement. *The Journal of Psychology*, 148(1), 37-60.

＊本書は、二〇一六年に当社より刊行した著作を文庫化したものです。

草思社文庫

人は皮膚から癒される

2022年2月8日　第1刷発行

著　者　山口　創

発行者　藤田　博

発行所　株式会社 草思社

〒160-0022　東京都新宿区新宿 1-10-1
電話　03(4580)7680(編集)
　　　03(4580)7676(営業)
　　　http://www.soshisha.com/

本文組版　横川浩之

本文印刷　株式会社 三陽社

付物印刷　株式会社 暁印刷

製本所　大口製本印刷 株式会社

本体表紙デザイン　間村俊一

2016,2022 © Hajime Yamaguchi

ISBN978-4-7942-2565-8　Printed in Japan

山口 創

手の治癒力

ふれる、なでる、さする——手の力で人はよみがえる。自分の体にふれ、他人とふれあうことが心身を健康へと導く。医療の原点である「手当て」の驚くべき有効性を最新の科学知見をもとに明らかにする。

エドワード・ブルモア 藤井良江＝訳

「うつ」は炎症で起きる

うつ病は「心」のせいだけではなかった。実は「炎症」がうつの原因になっているという証拠が積み重なりつつある——。長年、治療法に進展のなかった病に起きつつある革命を、世界的権威がわかりやすく解説。

リック・ハンソン リチャード・メンディウス 菅 靖彦＝訳

ブッダの脳

心と脳を変え人生を変える実践的瞑想の科学

「仏教」と「脳科学」の統合による新しい瞑想法を専門家がくわしく解説。「心」のメカニズムの理解のうえで、怒りや不安などの感情をしずめ、平安で慈しみのある精神状態を生み出す実践的な方法を紹介する。

草思社文庫既刊

稲垣栄洋
生き物の死にざま

数カ月も絶食して卵を守り続け孵化を見届け死んでゆくタコの母、地面に仰向けになり空を見ずに死んでいくセミ、成虫としては数時間しか生きられないカゲロウ…生命の「最後の輝き」を描く哀切と感動の物語。

稲垣栄洋
生き物の死にざま はかない命の物語

南極のブリザードのなか決死の覚悟で子に与える餌を求め歩くコウテイペンギン、毎年熱帯から日本に飛来するも冬の寒さで全滅してしまうウスバキトンボ…感動のベストセラー『生き物の死にざま』の姉妹編。

ヴェルマ・ウォーリス　亀井よし子＝訳
ふたりの老女

酷寒の冬、アラスカの先住民は全滅の危機にさらされ、ふたりの老女を置き去ることを決めた。そこから、ふたりの必死の旅が始まった——。アラスカ・インディアンに語り継がれる知恵と勇気の物語。

草思社文庫既刊

庭仕事の愉しみ

ヘルマン・ヘッセ　岡田朝雄＝訳

庭仕事とは魂を解放する瞑想である。草花や樹木が生命の秘密を教えてくれる。文豪ヘッセが庭仕事を通して学んだ「自然と人生」の叡知を、詩とエッセイに綴る。自筆の水彩画多数掲載。

人は成熟するにつれて若くなる

ヘルマン・ヘッセ　岡田朝雄＝訳

年をとっていることは、若いことと同じように美しく神聖な使命である（本文より）。老境に達した文豪ヘッセがたどりついた「老いる」ことの秘かな悦びと発見を綴る、最晩年の詩文集。

愛することができる人は幸せだ

ヘルマン・ヘッセ　岡田朝雄＝訳

「愛されることより愛することが重要だ」と説くヘッセの恋愛論。幼いころの初恋、壮年時の性愛、晩年の万人への愛――人生のあらゆる段階で経験した異性との葛藤と悩みを率直に綴り、読者へ助言する。

草思社文庫既刊

保坂和志

人生を感じる時間

ただ、自分がここにいる。それでじゅうぶんじゃないか——。論じるのではなく、時間をかけて考えつづけること。人生と世界の風景がゆっくりと変わっていく随想集。**『途方に暮れて、人生論』改題**

保坂和志

いつまでも考える、ひたすら考える

大事なのは答えではなく、思考することに踏み止まる意志だ。繰り返される自問自答の中に立つことの意味を問い、模倣ではない自分自身を生きるための刺激的思考。**『「三十歳までなんか生きるな」と思っていた』改題**

勢古浩爾

結論で読む人生論

人は何のために生きているのか——老子、孔子、カント、トルストイ、漱石、アッラーなど賢者たちが説く〝人生論〟を一刀両断に読み解く。約50通りの人生論がたどり着いた結論を一冊に凝縮した人生論批評。